林文勋　著

历史与现实

中国传统社会变迁启示录

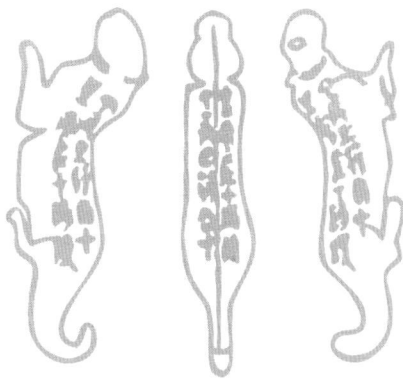

人民出版社

目　录

前　言

　　本书的撰写既基于学理层面的思考,又基于现实层面的思考,总的目的是想探讨历史与现实的关系究竟如何,我们如何从历史的长河中去找寻和书写历史的启示。

　　从学理层面来讲,主要是为了回答这样两个问题:一个是"历史学的作用到底是什么",再一个是"历史论文可不可以写现实问题"。这两个问题,是我在云南大学历史系和历史文化学院工作时老师和同学们问我最多的问题。其实,这是两个老问题。但时至今日,更觉有探讨的必要。回顾新中国成立以来历史学的发展,先是经历了五六十年代的重视有加乃至"无限拔高",后又经历了20世纪80年代的冷遇(或称"史学危机")。经历了这一正一反的两个阶段,历史学正步入科学、健康发展的轨道。在这种情况下,需要我们对历史学的科学性及其发展作出进一步的思考。一个极其明白的事实是,我们永远是在既定的历史条件下去创造新的历史,历史永远是现实的出发点,而现实也永远是历史研究的出发点和归宿。因此,人类不可避免地要从历史中去寻找经验、思想和智慧。尽管历史发展有着惊人的相似之处，但历史学对人类的重要作用并不止于记述或"再现"具体的事例和简单的过程，而是对这些事例、过程进行总结，从中获得经验、思想与智慧。所以，历史学到底有没有用、历史论文可不可以写现实问题，关键在于我们在研究中能否处理好时代性、思想性、启迪性这三者之间的关系。愚见以为，要使我们的历史研究具有启迪性，关键在于我们的研究要突出思想性，彰显时代性。不论是古代的问题，抑或现实的问题，乃至今后的问题，都是历史研究的范围。正如本书所论，我们在 20 世纪 90 年代末完全可以探讨 21 世纪云南国际大市场的构建问题，并把它作为一篇历史论文来书写。但不论我们研究什么，都要有一种历史的视野、历史的大势和思想体现于其中。相应地，历史启示应是我们研究内容的应有之义，是研究结果的自然表达，而不是我们研究中的某种点缀和生硬的归纳与总结。从这个意义上来说，我们研究历史，并不仅是简单地去"再现"历史，而是去"发现"历史。

就现实层面而言，当今中国社会正处于大变革和大发展的时期，在这一时期，我们面临着许许多多重大的问题。历史地来看，很多重大的现实问题往往并不是突然出现的，而是经历了一个很长的历史过程。今天，我们要思考并解决这些问题，如果不重视历史，我们很难弄清其由来和症结。我们非常赞同年鉴学派的长时段研究，重要的原因就在于这种长时段研究既是一种研究方法，也是一种研究视角,同时还是一种对现实的关注。实际上,现实的发展一直都在对历史研究提出问题和要求。如果我们不去思考,仅仅停留于学理上的探讨,就会造成史学研究与现实的脱节。因此,历史研究者必须思考和回答现实提出的问题,这也是其职责和使命所在。

基于上述两个层面的考虑,在我本人的研究中,思考和探讨中国传统社会变迁的历史启示就成了重要的问题。自 20 世纪 90 年代中后期以来,围绕中国传统社会的变革、历史时期中国东西部经济发展不平衡问题、历史时期的"三农"问题,以及云南的对外开放问题,我一直在思考中国传统社会的历史变迁及其与现实的联系,并争取汇编一本历史启示录。现将初步的探讨成果汇编成册,书名定为《历史与现实:中国传统社会变迁启示录》,目的在于引起更多的人对历史研究的现代价值给予关注和思考。

本书共收论文 11 篇,按类编排。第一类包括 2 篇论文,集中阐释我对历史时期中国东西部经济发展不平衡问题和中国传统社会变革问题的看法。《历史时期中国东西部经济发展不平衡问题的形成及其原因》一文系根据 1994 年我申报的《历史时期中国东西部经济发展不平衡问题研究》课题的提纲整理而成,并作为我指导的博士生研究该问题的参考材料,后因博士生放弃该研究题目,便修改成文发表于《思想战线》2001 年第 3 期。《中国传统社会变革的主要特征》一文主要根据我在云南大学的同名专题讲座整理而成。当时举办该讲座,主要是由于同学中相当一部分人对当前的社会变革较为茫然,意在回答他们提出的困惑与问题,引导他们正确看待当前纷繁复杂而又瞬息多变的社会,找准自己的定位和发展方向,后经修改发表于《思想战线》2005 年第 4 期。

第二类包括 5 篇论文,主要是基于我本人提出的"富民"阶层和"富民社会"理论体系,从历史时期的"三农"问题来思考当前的"三农"工作。我对历史时期"三农"问题的研究始于 1999 年,起初主要是围绕唐宋以来的"富民"阶层和"富民社会"做了大量实证性的研究,近年则将其与当前的"三农"问题结合起来,贯通历史与现实,研究乡村的发展和乡村社会的治理。我主要的观点是:要解决乡村的问题,必须解决乡村社会内部的发展动力问题,要大力培植乡村社会内部的动力层和稳定层,而不仅仅靠外力来推动乡村社会的发展。《乡村精英·土地产权·乡村动力——中国传统乡村社会发展变迁的历史启示》一文发表于《中国经济史研究》2009 年第 4 期。该文集中阐述了乡村精英在中国乡村社会发展中的重要作用,而《培植乡村精英:当前新农村建设的重点任务》则是在此文基础上撰写的一篇政策建议。《历史上的乡村借贷及其评价》、《中国古代的乡村控制及历史启示》、《中国古代的贫富分化及政府对策》为近两年内所撰,均未曾发表。

第三类包括 3 篇论文,主要是在重新解构云南古代和近代历史发展基本特征的基础上,探讨 21 世纪云南国际大市场的构建和云南的对外开放。由于云南地处西南边陲,长期以来,人们多认为"边远、封闭、落后"是其基本特征,通过这 3 篇文章的论述,我们意在强调云南很早就是一个开放的地区,开放是其最显著的特征;如果说是封闭的话,那也只是大开放中的区域性小封闭。同时还将说明,云南在中国历史上的对外开放中一直占有重要地位,在当前新的历史条件下,我们要从更高的层面去思考和推进云南的对外开放。其中,《从历史发展看云南国际大市场的构建》系根据本人在 20 世纪 90 年代末云南省举办的一次西部大开发会议上的发言整理而成,后经修改发表于《云南社会科学》2001 年第 1 期。《再论云南国际大市场的构建》则是根据我在 2010 年 1 月"西南论坛"上的主题发言整理而成,后发表于《思想战线》2010 年第 4 期。《云南的对外开放:基于国家战略的思考》完成于 2008 年国庆节,后发表于云南大学国际关系研究院编印的《周边要报》2008 年第 4 期。

附录收录了《从平面式、静止式研究到立体式、动态式研究》一文。这是《历史教学》编辑部对我的专访,发表于该刊 2006 年第 10 期。在这篇专访中,我较全面地谈到了我的研究经历和对以上若干重要问题的认识,故作为附录收入本书。

在这些论文的撰写过程中,李晨阳教授、张锦鹏教授、瞿健文副教授、卢光盛博士和在读博士生田晓忠、黎志刚、董雁伟帮助我做了大量的工作,多篇论文是我们合作完成的。没有他们的工作,本书是难以完成的。在此,谨向他们致以衷心的谢意!

　　限于我本人的水平和能力,书中定存有许多不足,请大家给予批评指教!

历史时期中国东西部经济发展
不平衡问题的形成及其原因

中国是一个拥有 960 万平方公里国土的发展中大国，东西部经济社会发展不平衡构成中国的基本国情。这是众所周知的事实。当我们追溯这种不平衡的历史源头时，不难发现，东西部经济社会发展的不平衡不是到今天才骤然形成的，而是在漫长的历史进程中经济格局长期变动的结果。

应该说，中国最初的经济格局是西部发展程度高于东部。中华文明兴起于西部黄河流域就说明了这一点。从《禹贡·九州》到《史记·货殖列传》所描述的全国经济区，关中区域一直居发展领先地位，正是这种状况的真实反映。魏晋以后，中国经济重心发生历史性的转折，学术界多称之为"经济重心的南北转移"。其实，经济重心的南北转移也就是经济重心由西向东的移动。由此而来，逐渐形成了东西部经济社会的不平衡发展的换位。明、清时期，东西部差距进一步拉大。显然，今天东西部经济社会发展的状况就是历史时期东西部经济社会发展不平衡的延续和发展。

在人类历史进入 21 世纪的今天,东西部发展不平衡已经成为影响中国当代社会经济可持续发展和现代化的首要问题。21 世纪,解决东西部经济社会发展不平衡是我国的一项重大战略。党中央做出西部大开发的战略决策,既是现实的需要,同时又是历史的必然选择。

历史是现实的基础和源泉,现实是历史的延续和发展。解决东西部经济社会发展不平衡问题的伟大实践迫切需要我们从历史的深层次回答现实所提出的许多问题。

一

大量考古发现表明,我国原始文化和原始农业的分布地域极为广泛,可以肯定,中华文明的起源是多源的或者说是多中心的。这些原始文明各具特点,相互有别,但还谈不上是不同的经济区。因为那时的经济特别是原始农业的发展水平还极其低下。

到大禹时代,"禹别九州,随山浚川,任土作贡"。[1]据成书于战国时的《尚书·禹贡》追述,当时对九州田地和赋税分别作了等级划分。冀州,田地第五等,赋税第一等,错杂有第二等;兖州,田地第六等,赋税第九等;青州,田地第三等,赋税第四等;徐州,田地第二等,赋税第五等;扬州,田地第九等,赋税第七等,错杂有第六等;荆州,田地第八等,赋税第三等;豫州,田地第四等,赋税第二等,错杂有第一等;梁州,田地第七等,赋税第八等,错杂有第七等和第九等;雍州,田地第一等,赋税第六等。这种划分具有经济区划的性质和特点,所以,"禹别九州"应是我国历史上最早的经济区划分。从所评定的田地和赋税等级来看,土地肥沃之区主要为西北和北方地区,南方的荆扬最下。

在上古时代,土地的肥沃程度决定了农业和整个社会经济的发展。于是,夏商两朝凭借"三河"地带黄河冲积平原富饶的土壤建立起统治华夏大地的王朝。继起的西周,依托新兴的关中平原,从一个西部小邦逐渐发展起来,一举戡灭处于土壤肥力正在不断耗竭之区的商王朝,成为上古第三代王朝。虽然夏商周三代王朝兴起所依赖的中心经济区各有不同,但都局限于西北区域。这说明,那时我国经济的发展水平是西部高于东部的。不过,这还不是西部经济发展最辉煌的时期。

进入春秋时期,随着铁器的使用和牛耕的应用,以及水利工程的大规模兴修,社会经济出现了一个大发展。经济的大发展使全国的经济区更为明显。司马迁在《史记·货殖列传》中将全国划分为山西、山东、江南、龙门碣石以北四大经济区,并备述各经济区的自然资源情况、内部经济发展状况与特征,以及经济发展水平和在全国的经济地位。

从司马迁的描述来看,当时全国经济发展水平最高的无疑就是处于陕西经济大区中的关中经济区。关中经济区的地域范围,"自汧、雍以东至河、华,膏壤沃野千里"。[2]这个经济区,随着郑国渠、白渠等一批水利工程的兴修,富冠海内。司马迁说:"故关中之地,于天下三分之一,而人众不过什三,然量其富,什居其六。"[3]公元前 338 年,苏秦对秦惠王讲到:秦国"田肥美,民殷富,战车万乘,奋击百万,沃野千里,蓄积饶多,地势形便,此所谓天府,天下之雄国也"。[4]这里所说的"天府",就是指关中平原。事隔 100 多年后,公元前 202 年,刘邦战胜项羽,讨论定都问题,刘敬建议定都关中,其理由便是:"秦地被山带河,四塞以为固","资甚美膏腴之地,此所谓天府也"。[5]张良也向刘邦建议:"关中左殽函,右陇蜀,沃野千里","此所谓金城千里,天府之国也"。[6]关中经济区因为富饶在当时长期享有"天府之国"的美誉。

关中经济区之南是巴蜀经济区。这个经济区,司马迁仅在叙述关中经济区时附带提及。事实上,这是一个与关中经济区同样重要的独立经济区。这个经济区长期因岷江的泛滥影响了经济的发展。到公元前 3 世纪中后期,李冰主持修建了都江堰水利工程,成都平原得灌溉之利,于是蜀中"沃野千里,号为陆海,旱则引水浸润,雨则杜塞水门。故记曰:水旱从人,不知饥馑,时无荒年,天下谓之'天府'也"。[7]巴蜀经济区成为当时全国又一个享有"天府之国"美誉的经济区域。

从地图上看,关中和巴蜀经济区均位于我国的西部。

与这两个经济区遥相对应的是东部的江南经济区,当时统称为"楚越之地"。这个经济区中,虽然西楚、东楚、南楚稍有区别,但总起来看,"楚越之地,地广人稀,饭稻羹鱼,或火耕而水耨,果隋蠃蛤,不待贾而足,地势饶食,无饥馑之患,以故呰窳偷生,无积聚而多贫。是故江淮以南,无冻饿之人,亦无千金之家"。[8] 由此可见,地处我国东部的江南经济区,火耕水耨,生产方式极为落后,人口稀少,商业几乎没有发展,经济生活处于依靠自然资源度日的状态,为全国经济发展最为落后的区域。

值得特别指出的是,虽然是在数千年前的春秋战国时期,关中和巴蜀这两个经济区就已有了十分密切的经济联系,经济发展的整体性较强。司马迁在《史记》中备述关中经济区后,紧接着说:

> 南则巴蜀。巴蜀亦沃野,地饶卮、姜、丹沙、石、铜、铁、竹、木之器。南御滇僰,僰童。西近邛笮,笮马、旄牛。然四塞,栈道千里,无所不通,唯褒斜绾毂其口,以所多易所鲜。天水、陇西、北地、上郡与关中同俗,然西有羌中之利,北有戎翟之畜,畜牧为天下饶。然地亦穷险,唯京师要其道。故关中之地,于天下三分之一,而人众不过什三,然量其富,什居其六。[9]

不言而喻,对于"地小人众"的关中经济区而言,它的财富在全国"什居其六"，除了自身"沃野千里"这个条件外，南有巴蜀、西有羌中、北有戎翟之利，西部经济出现相互联系的整体性发展应是十分重要的一个原因。关中和巴蜀并称"天府之国"，在我国西部呈南北纵向垂直分布，与东部的江南经济区形成鲜明对比，成为当时我国经济发展格局中两颗耀眼的璀璨明珠。这是我国西部经济发展史上最辉煌灿烂的时期。

秦汉时期，西部继续保有它在全国经济发展中的领先地位。

关中经济区　西汉武帝时，准备在关中扩建上林苑，东方朔劝阻道：

> 夫南山，天下之阻也。南有江淮，北有河渭，其地从汧陇以东，商雒以西，厥壤肥饶。汉兴，去三河之地，止霸产以西，都泾渭之南，此所谓天下陆海之地，秦之所以虏西戎兼山东者也。其山出玉石、金、银、铜、铁，豫章檀、柘，异物之类，不可胜原，此百工所取给，万民所仰足也。又有秔稻、梨粟、桑麻、竹箭之饶，土宜姜芋，水多蛙鱼，贫者得以人给家足，无饥寒之忧。故丰镐之间号为土膏，其贾亩一金。今规以为苑，绝陂池水泽之利，而取民膏腴之地，上乏国家之用，下夺农桑之业，弃成功，就败事，损耗五谷，是其不可一也。[10]

从这段话来看,关中经济区一是自然条件极为优越,与今天大不相同,这是其经济发展的重要因素;二是经济实力较强,对全国有举足轻重之影响。

巴蜀经济区　《后汉书》记载:

> 沃野千里,土壤膏腴,果实所生,无谷而饱。女工之业,覆衣天下。名材竹干,器械之饶,不可胜用。[11]

从上面的论述我们可以看出,自远古至秦汉,我国的经济发展一直是西部高于东部。其中,春秋战国和秦汉期间,关中经济区和巴蜀经济区并称"天府之国",是我国西部经济发展最为辉煌的时期。如果要说当时我国经济发展东西部不平衡的话,那应该是西高于东,东不如西。不论是从经济实力,还是从经济结构和经济发展层次来看,东部都不能与西部相比。情况正好与今天相反。

那么,中国早期经济的发展为什么会形成长期东不如西的格局呢?

历史的发展证明,越是在人类社会发展的早期,影响经济发展的因素就越单一,经济发展受地理环境的影响就越大。因为当时社会生产力水平较低,人们征服自然和改造自然的能力有限,经济发展很大程度上取决于自然的恩赐。我国的西部,尤其是关中平原为黄土地带。根据冀朝鼎先生在《中国历史上的基本经济区与水利事业的发展》一书中所引证的有关资料来看,黄土富含奇性钾、磷、石灰等成分,且具有高孔隙性和强毛细管吸收力,有"自行肥效"的功能。同时,这种土壤土质疏松,易于耕垦。[12]在古代很长的时期里,生产工具多为木器、石器,后来虽有青铜工具和铁器,但也难与我们今天的生产工具相比。在当时的生产力状况下,黄土地带就成了最适合农业生产发展的区域。而我国的东部地区,平原地带水乡泽国,山地丘陵荆棘满布,难以耕垦利用。这样,我国西部地区的经济就率先得以开发和发展,领先于东部。对此,许多学者已作了充分阐述。需要补充的是,在开发利用优越自然资源的过程中,水利事业在西部经济发展中起到了决定性的作用。巴蜀经济区的成都平原,在它成为"天府之国"以前,曾是水旱灾害频仍之地。都江堰的兴修,化岷江水害为水利,从此成都平原号为"陆海",方享有"天府"美誉。再看关中经济区,如果没有郑国渠和白渠等一批水利工程的兴修,关中经济的繁荣发展和"天府之国"的出现也将不太可能。所以,中国古代早期经济发展东不如西,还与水利事业的发展有着极为密切的关系。

二

两汉之后,魏、蜀、吴三国鼎立。魏、蜀两国分别据有关中经济区和巴蜀经济区这两个西部经济明珠,而东吴竟能与之长期抗衡,说明全国经济格局开始有所变化。所以,三国鼎立的出现,预示着我国经济格局将要发生新的变化。

这一变化主要来自江南经济区。随着社会生产力的提高和江南经济区自身经济力量的积累,到东汉末叶,江南经济区得到一定的开发。三国时期,东吴大兴屯田,使其经济得到进一步发展。自此之后,由于受战乱的影响,北方人口大量南迁,他们不仅直接为江南的开发提供了大量劳动力,而且带来了北方先进的生产技术,从而更大规模地促进了江南的开发和发展。

前面我们说到,江南地区主要是水乡泽国和丘陵山地,在社会生产力较为低下的情况下不易开发。但是,随着社会生产力的提高,原来不利的自然条件迅速向着有利的方面转化。地形、土壤和自然资源的多样性以及良好的水利条件,为经济发展提供了强有力的支持和保证。作为一个颇具旺盛发展势头的新的经济区,江南迅速开发和发展了起来。到东晋南朝时期,江南已很大程度上改变了汉代"火耕水耨"的落后状况,成为全国经济较为发达的区域。当时的史书记载:"江南之为国盛矣",特别是荆、扬二州:

　　自晋氏迁流,迄于太元之世,百许年中,无风尘之警,区域之内晏如也。……自此以至大明之际,年逾六纪,民户繁育,将裹时一矣。地广野丰,民勤本业,一岁或稔,则数郡忘饥。会土带海傍湖,良畴亦数十万顷,

膏腴上地,亩直一金,鄠、杜之间,不能比也。荆城跨南
楚之富,扬部有全吴之沃,鱼盐杞梓之利,充仞八方;丝
绵布帛之饶,覆衣天下。[13]

隋唐时期,江南经济持续发展,经济地位进一步提升。
韩愈说:"当今赋出于天下,江南居十九。"[14]杜牧也指出:
"今天下以江淮为国命。"[15]

入宋以后,江南在全国经济发展中独领风骚。章如愚
分析说:

国家抚有南夏,大江剑阁以南,泰然桉堵,而又兼
巴蜀、江北以为外屏,以元丰二十三路较之,户口登耗,
垦田多寡,当天下三分之二;其道里广狭,财赋丰俭,当
四分之三。彼西北一隅之地,古当天下四分之三,方今
仅当四分之一。儒学之盛,古称邹鲁,今称闽越;机巧
之利,古称青齐,今称巴蜀;枣栗之利,古盛于北,而南
夏古今无有;香茶之利,今盛于南,而北地古今无有;兔
利盛于北,鱼利盛于南,皆南北不相兼有者。然专于北
者其利鲜,专于南者其利丰,故长江、剑阁以南民户,虽
止当诸夏中分,而财富所入,当三分之二;漕运之利,今
称江淮,关河无闻;盐池之利,今称海盐,天下仰给,而
解盐荒凉;陆海之利,今称江浙甲于天下,关陕无闻;灌
溉之利,今称浙江太湖甲于天下,河渭无闻。[16]

这时,长江流域取代黄河流域成为中国的基本经济区。[17]

关于中国古代经济重心的南移,学术界论述颇详,兹不赘述。需要特别说明的是,我国古代经济重心的南移过程,同时也是经济重心自西向东转移的过程。

在江南经济区不断向前发展的同时,关中以及其所在的整个北方经济区的经济虽然仍在发展,但发展的速度已远远不如江南经济区,而且有时还因战争的破坏出现停滞不前乃至倒退的情况。远在汉晋,由于受战乱影响,关中经济已受重创。南北朝时期,西魏大统二年(536 年),“关中大饥,人相食,死者十七八”。[18]隋代及初唐,关中虽然保有“天府”的盛名,但“时天下户口岁增,京辅及三河,地少而人众,衣食不给”。[19]所以唐初就曾常转东南之粟以供京师。降至安史之乱平定,大将郭子仪在向代宗皇帝论及关中地理形胜时说关中“古称”天府,[20]说明它已失去了“天府之国”的美誉。这时,同、华等州已是“地迫而贫”,[21]陕州也是“土瘠民贫”。[22]宋代,这一区域的多数地方都“壤地瘠薄,多旷而不耕,户口寡少”。[23]

随着江南经济区经济地位的上升和关中经济区经济地位的下降,全国经济格局迅速发生重大变化。大约在唐中后期元和年间,社会上普遍出现了“扬一益二”的说法。时人武元衡在《奉酬淮南中书相公见寄》诗序中说:“时号扬、益,俱为重藩,左右皇都。”[24]卢求在《成都记序》中讲到当时人评论扬州和成都的等第时也说:“大凡今之推名镇为天下第一者,曰扬、益。"[25]《元和郡县志》记载:扬州"与成都号为天下繁侈,故称扬、益"[26]。宋人洪迈说得更清楚:"唐世盐铁转运使在扬州,尽斡利权,判官多至数十人,商贾如织,故谚称'扬一益二',谓天下之盛,扬为一而蜀次之也。"[27]这里,虽然"扬一益二"主要是从商业都市的发展角度而言的,但商业都市的发展无疑反映了它所在地区整体经济的发展水平和实力。所以,"扬一益二"的出现,表明秦汉及其以前关中和巴蜀两颗经济明珠的南北纵向排列已变成江南和巴蜀两个经济区的东西横向排列。江南经济区和巴蜀经济区是当时全国经济发展格局中最为耀眼的两颗明珠。

唐宋时期,巴蜀经济区仍然享有"天府之国"的美誉,经济较为繁荣。唐代,陈子昂说:

> 蜀为西南一都会,国家之宝库,天下珍宝,聚出其中,又人富粟多,顺江而下,可以兼济中国。[28]

宋代,经济力量更强:

> 夫蜀之四隅,绵亘数千里,土腴物衍,赀货以蕃,财利贡赋,率四海三之一,县官指为外府。[29]

但巴蜀经济区内部经济发展本身极不平衡,存在着川东和川西的巨大反差。同时由于其地四塞,与外界沟通联系毕竟有所局限,因此难以承担起支撑和拉动整个西部经济发展的历史使命。所以,江南经济区和巴蜀经济区这两颗耀眼明珠的出现,说明原来东不如西的经济格局已经结束,代之而起的是西不如东。

漆侠先生在论及宋代全国经济发展的不平衡时指出:

> 宋代各个地区之间存在一定的差别,而且有的差别极为悬殊。如果以淮水为界,淮水以北的北方地区的生产不如淮水以南的南方地区,即北不如南。如果以峡州(湖北宜昌)为中心,北至商雒山秦岭,南至海南岛,划一南北直线,在这条线的左侧——宋代西部地区,除成都府路、汉中盆地以及梓州路遂宁等河谷地(即所谓的"坝子")的生产都相当发展、堪与两浙等路比美外,其余如夔州路、荆湖南路湘江以西地区以及广南西路许多地区,都非常落后,农业生产停顿在"刀耕火种"的耕作阶段,远远落后于该线右侧——宋代广大东方地区。北不如南,是量的差别;而西不如东,则不仅仅是量的差别,而且是表现了质的差别,这是特别值得注意的。[30]

应该说,我国经济发展北不如南和西不如东同时出现,本身就表明它们是一个合二为一的过程。所以,经济重心由北向南的转移,实际上也就是经济重心自西向东的转移。

这是中国经济发展格局的重大调整和转折,由此形成我们今天所面临的东西部经济发展不平衡局面。

中国经济发展在唐宋时期形成西不如东的局面,有着客观必然性。从东部的江南经济区来看,这里气候温和,雨量充沛,土壤肥沃,同时自然资源极其丰富。良好的自然环境为经济发展提供了有力的支持和保障。

其次,东部的江南经济区随着经济作物的广泛种植、手工业和矿业的发展以及山区的开发,经济结构得到很大调整,形成了多种多样的经济结构。不同的经济结构往往依托当地的经济发展水平和自然、人文条件,有利于最大限度发挥经济发展潜力。以茶叶的种植来说,江淮普遍种茶,成为当地的支柱产业。茶叶多种于山地丘陵和小农家庭的房前屋后,可最大限度利用土地资源;在茶叶管理特别是采茶生产环节,主要由妇女承担,原来闲置的劳动力得以有效利用,农业劳动力几乎成倍增加;从经济效益角度讲,茶叶种植的收益远高于粮食种植,有利于更大规模扩大再生产;更为重要的是,与粮食种植相比,茶叶种植一开始就是为市场而生产的,茶叶生产的发展沟通了农民与市场的联系,市场交换成为推动经济发展的重要力量。其他诸如水果、花卉的种植,矿冶业的发展等等,都起到了类似的作用。经济结构的调整是东部江南经济区经济快速发展并最终超越西部经济区的一个决定性因素。

再次,随着我国对外贸易自中唐以来由西北陆路向东南海路的转移,东部地区的海外贸易得到很大发展。海外贸易的发展,使海洋文明成为我国经济发展的又一强大动力。其具体表现就是,以我国东部沿海对外贸易港口为中心,形成了一个包括东南腹地以及近海区域在内的大市场。在这一市场内,商品经济繁荣发展,资源要素得到优化配置,许多生产部门和行业出现优势化趋势,如今天还享有盛名的江西景德镇制瓷业、安徽的徽纸业都是在那时开始孕育起来的。生产优势化的出现和大批优势生产行业的形成,标志着东部的经济发展已处于一个更高的层次。

再看西部的关中经济区,唐宋时期,由于长期的开发垦殖,生态环境受到极大破坏,土壤肥力耗竭,经济发展的条件恶化。在这种情况下,这一地区的生产几乎局限于原来的粮食种植,经济结构较为单一,缺乏活力,加之北方"丝绸之路"式微,其经济发展的封闭性日益突出,因而发展速度严重趋缓。

与此同时,长期的民族战争给西部经济造成严重干扰和破坏。早在西汉司马迁划分全国经济区时,他就划定了一条农牧业地区之间的分界线,说:"龙门、碣石北多马、牛、羊、旃裘、筋角。"[31]史念海先生指出:

> 司马迁规划的这条分界线,东端达于海边,已是尽头;西端只到龙门山,龙门山以西还应继续向西南引伸,达到陇山之下。再越过陇山,经嘉陵江上游西侧趋

向西南，经今四川省平武、茂汶诸县之南，西南过岷江，再经天全县西、荥经、汉源诸县之东，又经冕宁、西昌诸县市之西，而达到今云南省剑川县及其迤西的地方。[32]

历史上，在这条线的北部和西部，均分布着众多的少数民族。到唐宋时期，随着社会生产力的发展，周边民族地区得到巨大开发。经济的发展导致周边少数民族政权纷纷兴起，并与中原王朝发生冲突，由此在北部和西部边境展开长期战争。频繁的战争消耗了西部大量人力、物力、财力。仅以宋夏双方的战争来说，几乎每一次用兵都是"公私蓄积大抵殚耗"，[33]"府库仓廪储蓄，内外一空"。[34]这使西部经济长期陷于困境，难以恢复和发展。

三

明清时期，我国经济发展的东西差距进一步拉大。

东部的江南经济区，生产专业化、优势化更有发展，出现了许多专业性的经济作物种植区、手工业生产区，说明经济发展规模和层次在唐宋基础上已更进一步。同时，商品经济繁荣发展，各地物资得以调剂，经济活力更强。

从整个区域的发展来看，宋代有所谓"苏湖熟，天下足"之说，[35]意即苏湖两浙一带丰收，天下就可富足。到这时，又出现了"湖广熟，天下足"的谚语。[36]可见，更多的区域生产程度有了很大发展,在全国的经济地位又有所上升。这更加增强了东部的经济实力。

西部地区特别是西北,影响经济发展的因素诸如生态环境、产业结构以及民族关系等并未得以扭转。从生态环境来说,宋代西北已普遍是童山秃岭。到明清时期,少数植被较好的地方又受破坏。如定西县,《定西县志》记载:"清代以前,森林极盛,乾隆以后,东南两区砍伐殆尽。"生态环境的破坏,使水旱灾害日益频繁,严重影响着经济的发展。

明清两代,为巩固和维护边疆的安定,曾在从西北到西南的广大西部地区大规模移民和屯田,促进了西部的开发和发展。以新疆的开发来说,清王朝统一新疆后,根据"武定功成,农政宜举"的方针,大力屯田,有兵屯、旗屯、回屯、民屯、商屯、遣屯等形式。到乾隆四十二年(1777年)左右,民屯田地达28万亩,兵屯、遣屯田地计有28.7万亩。随之而来,河西绿洲的经济有了很大发展,出现了"户有盖藏,民乐安宅"的景象。但由于这种开发主要是为着政治和军事的需要,因而其经济意义就受到一定的局限。并且,这两代王朝在西北和西部边疆长期的大规模战争又巨大地消耗着经济开发的成果,往往一次战争举西部全力还不足以应付,尚需调集全国之力予以供办。这样,其经济水平和经济实力与东部相比,差距越来越大。

四

从上面的论述可以看出,我国经济发展西不如东局面的形成出现于唐宋时期。在此之前,西部经济的发展在较长时期里领先于东部,西部地区有过自己经济发展史上极为辉煌的时期。深入总结这一历史变化过程,对我们今天的西部开发、缩小东西部差距不无历史启示。

第一,东西部经济发展不平衡的形成是全国经济发展总体格局变动的结果,并不只是某一地区或某一区域的问题。为此,需要从全国经济发展战略的高度来考虑西部大开发,不能就某一地区或某一区域考虑局部利益。因此,在西部大开发中,一定要树立全国一盘棋的观念和意识,统筹兼顾,正确处理各地区间的经济利益关系,调动起全国的积极性,投身于西部大开发之中。

第二,东西部经济发展不平衡的形成是一个漫长的历史过程,而非短时间内所出现的历史现象。所以,在西部大开发中,一定要确立长期奋斗的思想,做好长期发展的准备。要从解决制约西部发展的深层次问题入手,切实做好工作,避免急躁冒进。其中,从唐宋及其以后东西部差距形成的原因来看,要认真解决好产业结构调整和经济开放战略这两个重点。

第三,造成东西部经济发展不平衡的原因多种多样。本文提到的生态环境、产业结构、海洋文明以及边疆民族关系等，只是就主要的一些方面而言，并未穷尽其全部。在长期的历史过程中，这些因素交织在一起，共同发生作用，使问题变得更为复杂。有鉴于此，单靠某一方面或某一局部难以使问题得到彻底解决，而必须依靠政府的特殊政策和制度创新，才能有助于这些问题的共同解决。因此，在西部大开发中，政策支持和制度创新重于资金投入等其他方面。

第四，春秋战国以至秦汉这段历史时期，是我国西部经济发展史上最辉煌的时期。关中经济区和巴蜀经济区成为我国经济发展格局中两颗最为耀眼的明珠。这两个经济区之所以成为明珠，重要的基础是两地有着良好的生态环境和水利事业的发展。今天，虽然西部经济发展所面临的形势与古代完全不同，但发展农业仍是重中之重。为发展农业，必须充分重视改善西部地区的生态环境和发展西部地区的水利事业。

第五，在西部大开发的过程中，一定要重视并处理好民族关系。历史上，每一次边疆民族战争都给西部经济的发展带来沉重打击。有时甚至短短几年就可毁掉长期的经济发展成果。所以，要认真研究新形势下民族关系的变化和特点，将之作为压倒一切的大事，及时解决这方面的新情况、新问题，确保西部大开发有一个稳定的环境。

（原载《思想战线》2001 年第 3 期）

注　释

1　《尚书·禹贡》。

2　《史记》卷129《货殖列传》。

3　《史记》卷129《货殖列传》。

4　《战国策》卷3《秦一》。

5　《史记》卷99《刘敬传》。

6　《史记》卷55《留侯传》。

7　《华阳国志》卷3《蜀志》。

8　《史记》卷129《货殖列传》。

9　《史记》卷129《货殖列传》。

10　《汉书》卷65《东方朔传》。

11　《后汉书》卷43《公孙述传》。

12　冀朝鼎：《中国历史上的基本经济区与水利事业的发展》，第16—18页，中国社会科学出版社1981年。

13　《宋书》卷54《沈昙庆传》。

14　《韩昌黎集》卷19《送陆歙州诗序》。

15　《樊川文集》卷16《上宰相求杭州启》。

16　《山堂群书考索·续集》卷46《东南财赋》。

17　冀朝鼎：《中国历史上的基本经济区与水利事业的发展》，第92—118页，中国社会科学出版社1981年。

18　《北史》卷5《魏本纪》。

19　《隋书》卷24《食货志》。

20　《旧唐书》卷120《郭子仪传》。

21　《新唐书》卷149《刘晏传附卢徵传》。

22　《资治通鉴》卷244《唐纪六十》。

23　苏辙：《栾城集》卷23《京西北路转运使题名记》。

24　武元衡：《奉酬淮南中书相公见寄（并序）》，《全唐诗》卷317。

25　卢求：《〈成都记〉序》，《全唐文》卷744。

26　《元和郡县志·阙卷逸文》卷2。

27　洪迈:《容斋随笔》卷9《唐扬州之盛》。

28　《旧唐书》卷107《陈子昂传》。

29　吕陶:《净德集》卷14《成都新建备武堂记》。

30　漆侠:《宋代经济史》上册,第44页,上海人民出版社1987年。

31　《史记》卷129《货殖列传》。

32　史念海:《论两周时期农牧业的地区的分界线》,《中国历史地理论丛》1987年第1辑。

33　《续资治通鉴长编》卷321,元丰四年十二月壬午。

34　《宋史》卷175《食货上三》。

35　范成大:《吴郡志》卷50《杂志》。

36　李釜源:《地图综要》内卷。

中国传统社会变革的主要特征

中华文明源远流长,赋予了中华民族巨大的物质创造力和精神价值,也是今天中华民族自强不息、不断进步的动力源泉。这一切,无疑昭示了中华文明具有强大生命力。中华文明之所以几千年来一直保持其强大生命力,关键在于构成中华文明的思想内核中有一个重要的元素——"变",表现在历史发展进程中,就是社会的不断变革。"变"是中国传统社会的一大特性。钱穆先生讲,中国历史有三性,即变异性、特殊性、传统性。变异性就是指传统社会的变化与变革。司马迁曾提出:"究天人之际,通古今之变。"一个"变"字,高度概括了中国传统社会的特点,也说明了认识历史的基本出发点应着眼于"变"。有"变"才会"通",才有社会的进步和发展,才能使中华文明保持强大生命力。

当今正是一个大变革的时代,社会变革重新调整着社会各阶层的利益关系和人们的社会角色定位,冲击着人们的思想观念。如何认识这样一个变革社会? 如何把握这样一个变革时代? 需要我们将当前的社会变革放在历史长河之中进行考察,从大历史的视角来透视。为此,本文将考察上至上古三代、下至 20 世纪末的中国社会,认识中国传统社会变革的主要特征。

一

从历史的长时段来考察,中国传统社会的变革始终与商品经济的大发展紧密地联系在一起。凡是社会大变革的时期,都是商品经济大发展、大繁荣的时期。古代的春秋战国、唐宋、明清这几个时期以及 20 世纪 80 年代至今,虽然历史跨度不同,社会变革内容各异,但无不显示出这一明显特征。

春秋战国是我国古代社会大变革的时代。明代,陈邦瞻在编撰《宋史纪事本末》时指出:

> 宇宙风气,其变之大者三:鸿荒一变而为唐虞,以至于周,七国为极;再变而为汉,以至于唐,五季为极;宋其三变,而吾未睹其极也。

显然,从周到汉的这一重大历史转折中,春秋战国是一个关键时期。关于这个大转折,有的学者认为是中国从奴隶制转向封建制,有的认为是从封建制转向郡县制,有的认为是世袭社会的解体。不论其性质如何,但转折是极其明显的。

春秋战国以前的社会,孟子曾有描述:

> 方里而井,井九百亩,其中为公田。八家皆私百亩,同养公田;公事毕,然后敢治私事。
>
> 死徙无出乡。乡田同井,出入相友,守望相助,疾病相扶持,则百姓亲睦。[1]

一井就是原先一个聚族而居的村社,虽然以家庭为单位单独经营自己的份地,但仍然保留了大规模集体耕作的形式。这应是一个农村公社。按马克思和恩格斯的分析,农村公社是一种非常坚固的堡垒。它何以能够解体? 根本原因就是商品经济的发展。当时,随着生产力的大发展,商品经济的发展主要表现为手工业产品的商品化生产和流通,以及城市的兴起、商人的成长、金属货币的流通等方面。学者们尝将春秋战国称为中国古代商品经济发展的第一个高峰,我主张称之为"盐铁时代"。因为,当时盐、铁是唯一无法由小农家庭自行生产、但又是生产生活必需的产品,是市场流通中的主导商品或大宗商品。在这个时期,盐铁在市场上大放异彩。

在交换经济的冲击下,农村公社逐渐瓦解。农村公社解体的过程,也就是新的生产关系形成的过程。我们认为这是中国古代社会地主制的形成期。地主制是如何产生的? 以往,学术界多认为地主制是暴力的产物,强调在奴隶制或领主制的后期,随着生产的发展,生产关系不能适应生产力的发展,于是奴隶或隶农不断举行起义。在阶级斗争的推动下,奴隶主或领主不得不采取新的剥削方式。对此,业师李埏先生已作了辨析,指出地主制的产生是在"编户齐民"分化的过程中产生的。我们以为,此说甚得其要。当时,商品经济的发展以它极大的分化性,引起了个体小农的贫富分化。汉代董仲舒说:

> (秦)用商鞅之法,改帝王之制,除井田,民得卖买,富者田连阡陌,贫者无立锥之地。[2]

《汉书·食货志》还说:自秦孝公以来,"庶人之富者累巨万,而贫者食糟糠"。在这样的情况下,"编户齐民"中的"富者"必然要剥削"贫者",但在法律上他们又都是同一等齐民,因此便不能采取"抑良为贱"的方式,而只能通过富者将土地出租给贫者这种经济关系实现其剥削,于是便产生了租佃制,产生了地主制经济。

　　唐宋时期是中国传统社会变革的重要时期,在我国古代即有人注意到了唐宋时期的社会变化。近代著名思想家严复也觉察到宋代的变化,他说:

> 若研究人心政俗之变,则赵宋一代历史,最宜究心。中国所以成为今日现象者,为善为恶,姑不具论,

而为宋人之所造成,什八九可断言也。[3]

国学大师王国维、陈寅恪在剖析中华历史演进时,同样注意到宋代的变化及其历史地位。王国维道:"近世学术,多发端于宋人。"[4]陈寅恪说:"华夏民族之文化,历数千载之演进,造极于赵宋之世。"[5]金毓黻在撰著《宋辽金史》时讲:"宋代膺古今最剧之变局,为划时代之一段。"[6]他们均从揭示历史发展变化本来面目的角度,论说了唐宋时代的变化。

唐宋社会划时代变革的重要推动力量是商品经济的发展。在经历了东汉后期至唐朝前期商品经济逐渐衰退,自然经济重占主导地位之后,中唐以后商品经济开始逐步恢复发展,并以大大超过春秋战国时期的强势席卷社会各角落。这一时期,市场上流通的大宗商品已经从春秋战国时代的盐铁转向茶盐。政府设置茶盐司专管茶盐交易,并对茶盐实行禁榷。到宋朝,茶盐禁榷收入几乎与两税收入并驾齐驱,为国家岁入主要来源。尤其是茶的经营,是政府和商人逐利之新孔。宋人李新曾说:"商于海者,不宝珠玉,则宝犀瑁;商于陆者,不宝盐铁,则宝茶茗。"[7]商人之所以"宝茶茗",是因为经营茶能给他们带来巨大利润。过去,大家将唐宋称为中国古代商品经济发展的第二个高峰,我们则将这个时期称为"茶盐时代"。作为时尚饮品和农产品的茶叶能够与作为生活必需品和手工业品的盐取得同样的地位,表明商品经济不仅在城市有了重要发展,而且在农村地区也发展起来。

我们知道,商品经济是一种面向市场的商品生产和交换经济,它具有开放性、流变性和分化性等内在特点。商品经济的发展,必然对原有的生产方式和社会关系产生巨大的冲击力和瓦解力,推动社会变革。从唐宋社会的各方面的变革来看,无不深深地打上商品经济的烙印。在政治领域,门阀世族衰落、庶族地主兴起,这是政治平等化的重要表现,而科举制度更是从制度上将政治的平等化和权力的流动性加以规范。这充分体现了商品经济的平等性和竞争性,是商品经济大发展时代的产物。在制度领域,土地日益摆脱政治力量的束缚卷入到流通之中,"田制不立"取代中古田制;赋税制度随着两税法的推行,统治者不得不推行和买、预买、折买、和籴、博籴等政策措施,通过市场来弥补传统赋税征收上的缺陷,赋税征收呈现出市场化的趋势和特征;禁榷制度领域,由于商品经济的发展,过去将商人直接排斥在专卖领域之外的直接专卖制再也不能维持,政府不得不推行"官商共利"的间接专卖制,从而导致入中法的勃兴。就连在民族政策领域,统治者也逐渐抛弃了过去的和亲政策,转而利用商品经济规律,以"互市"为手段处理与周边少数民族的关系,出现了签约议和等新的现象。在思想文化领域,日本学者内藤湖南在20世纪初对唐宋变革时学术文艺的性质之变化作了这样的概括:经学由重师法、疏不破注变为疑古,以己意解经成为一时风尚;文学则文章由重形式改为重自由表达；艺术方面，以五代为分界，以前的壁画大多强调传统风格，以后的水墨画则采用表现自己意志的自由方法；音乐方面，唐代以舞乐为主，乐律重形式，宋代以后，随着杂剧的流行，通俗艺术较盛，品味较古的音乐下降，变得单纯以低级的平民趣味为依归。[8]这无疑体现了商品经济的流变性和开放性。一句话，唐宋时期是一个商品经济发展引起各种原有的社会要素流动组合的时期，同时也是一个经济关系和社会关系日益呈现市场化趋势的时期。

对于明清社会究竟有没有发生变革，或者这场变革的程度有多大、性质是什么，学术界一直存有争论。客观地来看，明清社会确实发生了变革。傅衣凌先生晚年曾提出"明清社会变迁论"，他指出："从十六世纪开始，中国在政治、经济、社会和文化等方面发生了一系列变化。"[9]这些变化无不与商品经济向更广范围、更深程度渗透有密切关系。明清时期，我国古代的商品经济继续向前发展。商品流通空前繁荣，市场范围已经突破区域性限制，全国性的统一市场逐渐形成。商人的活动已经走向集团化，形成众多商帮，其经营活动具有全国性和专业化特点。白银成为主币，金融业的重要地位日益凸现。手工业生产和农产品生产的专业化程度进一步提高，工场手工业有一定规模，并形成了"机户出资，机工出力，二者相依为命"的劳动雇佣关系。许多集市发展成为市镇，城市化进程大大加快。凡此均表明商品经济的发展达到了一个比唐宋还要高的高度。而且,商品经济显示出从以地主经济、个体小农为核心开始转向以作坊、企业为核心的趋向。据吴承明先生的研究,明清时期,流通量最大的商品是棉布和粮食。基于此,我们将明清这个商品经济发展的高峰阶段称为"棉粮时代"。

明清商品经济的发展,以其强大的力量分化瓦解着旧生产关系和旧制度体系,冲击着人们的思想观念,使明清社会在许多领域出现了变革性因素。从政治上来看,为了防范经济因素对社会的分化作用和对中央集权统治的威胁,明朝以后,封建专制主义进一步强化。但是,在制度层面上,政府也不得不变革旧的制度体系,采取与商品经济关系相适应的新制度,如"一条鞭"法和"摊丁入亩"的赋役制度改革就是其典型。从社会关系上看,商品经济重新调整着人们的社会关系,契约性租佃关系向深层次发展,城市市民的抗税斗争,职业分化、城乡分化日益明显,均与商品货币关系的渗透有密切关系。从思想领域看,这一时期思想界出现的泰州学派代表了民众追求个性自由和追求经济利益的价值取向。丘浚提出在经济活动方面"听民自为",在国家政策上倡导"保富"以及开放对外贸易等经济思想,更是商品经济迫切需要打破传统禁锢、自由发展的体现。

20世纪80年代开始的中国社会变革则是一场更为深刻的市场化改革。随着改革开放的展开,中国社会发生了翻天覆地的大变革。正如改革开放的总设计师邓小平同志

所言，"当前的改革是一场革命性变革"，"改革是中国的第
二次革命"。对于这场变革，我们亲见、亲闻、亲感、亲受，
每一个经历过的人，有目共睹，亲历其境，自不须多言。就
连外国人也明显地看到。法国作家萨米埃尔·皮萨尔在
2002 年 11 月 8 日发表的《中国与世界》一文中说："中国已
经成为一场轰轰烈烈的改革运动的大舞台，这次改革可能
来得比人们想像的要快。""中国目前还在经历着社会、政
治和文化变革。"众所周知，在这场大变革中，中国社会是
随着从计划经济走向计划调节为主、市场调节为辅，又从计
划调节为主、市场调节为辅走向商品经济为主、计划为辅，
并最终走向市场经济而不断变化和不断进步的。应该说，
没有商品经济的发展，就没有中国社会的这场巨大变革。
到目前为止，将商品经济与资本主义等同起来的观点已难
以立足，市场经济观念深入人心，整个社会从经济到政治，
再到文化和思想观念各个方面，都无不显现出与五六十年
代的巨大差别。因此，我们还有什么理由否定商品经济对
中国社会变革所起的巨大作用呢？市场化改革不仅使商品
由供给短缺转向供给过剩，而且使劳动、土地、资本、技术、
管理等生产要素也日益商品化。在这个产品和要素市场化
的过程中，资本和知识的作用日益重要，成为推动一个国家
经济增长的动力源泉。由此可见，在市场经济时代，市场上
发挥重要作用的已经不是某一种有形商品，而是资本、知识
等要素或无形商品。我们可将这一时代称为"资本时代"

或"知识时代"。

商品经济之所以能够促成中国传统社会的变革，根本原因在于它集中地代表了社会生产力的发展。通观人类历史的发展，我们可以看到，每当社会生产力发展之时，社会剩余产品就必然增多，因此，进入交换的商品也就越来越多，商品经济相应地得到发展。恩格斯在《反杜林论》政治经济学部分讲到交换的重要性时指出：生产和交换"这两种职能在每一瞬间都互相制约，并且互相影响，以致它们可以叫做经济曲线的横坐标和纵坐标"。纵横坐标决定了社会经济曲线。这条经济曲线就是商品发展的轨迹。[10]

二

中国传统社会变革的又一重要特征，是社会变革以"民"的演变为基础和主线。中国古代反复强调："民为邦本，本固邦宁。"[11]"民为贵，社稷次之，君为轻。"[12]"国将兴，听于民；将亡，听于神。"[13]凡此均表明了"民"在社会中的重要性。换言之，离开"民"的演变这一历史线索，我们很难全面准确地把握中国传统社会的变革。

在人类历史上，家庭、私有制、国家的产生表现为相互联系的进程。上古三代乃至更早，是中华早期国家形成的重要阶段。在这一时期，个体家庭已经产生。但这时家庭还只是社会上的一个独立的生活单位，并不是独立的生产单位和经济单位。个体小农依附于村社之中，一个村社为一个基本的生产单位和经济单位。也就是说，"民"是村社的附属物。因此，生产中才会出现"千耦其耘"的集体劳动场面，[14]《诗经》中也才会有"雨我公田，遂及我私"的诗句。[15]

春秋战国时期，随着社会生产力的大发展，特别是铁制工具和牛耕的出现，小农家庭迅速从农村公社下解放出来。铁制生产工具的普遍使用和牛耕技术的产生，这两项在今天看起来并不起眼的生产技术，在当时却引起了中国社会巨大的变化。它们的产生和发展，极大地提高了小农家庭的生产能力，使个体小农家庭从村社的束缚中解放出来成为可能。原来，在木制生产工具和青铜生产工具的条件下，单靠一家一户的个体小农家庭，很难实现对土地的大规模垦殖和水利的兴修。这决定了个体小农家庭必须联合在一起，才能有效地开展生产。而此时由于小农有了与自身特性相适应的技术，大批小农纷纷摆脱村社的束缚，变成国家的"编户齐民"，从而不仅是社会基本的生活单位，而且成了基本的生产单位和经济单位，实现了三者的统一。小农经济是一种极易分化的经济。在商品经济和私有制发展的席卷下，加之没有村社的保护，他们迅速分化，一批人通过积累财富成为社会上的"富者"，而另一部分人则失去财富成为"贫者"。其中，"富者"凭借大量的社会财富，"下者倾乡，中者倾县，上者倾郡"，成为"武断乡曲"的豪民，[16]整个社会形成一个影响极大的"豪民"阶层。

中唐以后，随着商品经济更高程度的发展，财富力量迅速崛起。随之而来，"民"又一次发生新的分化，由此兴起了一个新的社会阶层——富民。"富民"与财富占有者是两个不同的概念。财富占有者除包括"富民"阶层外，还有大批官僚贵族，他们也占有大量社会财富。而"富民"则是专指那些占有大量社会财富但没有特权的社会群体。这个群体，有的是靠占有土地致富，有的是靠经营工商业致富，还有不少是农工商各业兼营。这个群体，源于商品经济的发展提供了经营工商业致富的机会，土地买卖的盛行创造了占有大量土地的条件。

明清时期，商品经济更加深入渗透于城市乡村各角落，渗透于生产生活的各方面。尤其在经济较为发达的江南地区，商品生产的专业化程度日益深化，信息、资金、人员等要素在城市和乡村之间的流动和转换日益增强。城乡商品和要素的互动过程，分化着中国传统的男耕女织的小农经济，家庭手工业逐渐向专业化发展，雇佣劳动关系得到较大发展。随着商品经济的深化发展，从理论上讲，应该有一个市民阶层开始出现。他们的生产经营活动，是面向市场的专业化商品生产活动；他们的生产经营活动场所，主要集中于交通、信息和人流活跃的城市或城镇；他们的生活方式开始逐渐脱离乡土气息，追求一种新的生活方式。明清社会究竟有没有形成这样一个市民阶层还值得探讨，但可以肯定的是，自近代以来，市民阶层一直处于形成和发展之中。

伴随着"民"的这种演变，中国传统社会的发展呈现出明显的阶段性。上古三代，由于个体小农被整合于村社之中，一个村社就是一个部族。因此，我们主张将其称为部族社会。对此，已有不少学者进行了分析。上古三代，过去因古史分期讨论，学术界将其分成两个阶段。其实，这是中国历史发展中的一个完整阶段。业师李埏先生对此已作了精辟的分析。[17] 这一时期的中国社会究竟为何？愚见以为必须看它的社会基本细胞。如前所述，自家庭产生以来，个体家庭就是社会的基本单位。但是，在上古三代，个体小农家庭是被整合在村社和部族之中的。这时，小农仅是社会的基本生活单位，而不是社会的基本生产单位和经济单位。这种情形，如同 20 世纪 80 年代生产队体制下的情况。在生产队体制下，小农家庭是依附于生产队的，它是社会的基本生活单位，但生产单位和经济单位却是生产队。上古三代，作为社会的基本生产单位和经济单位的，乃是一个个的村社、一个个的部族。《周礼》在记载西周的市场时曾说："朝市，朝时而市，商贾为主；大市，日昃而市，百族为主；夕市，夕时而市，贩夫贩妇为主。"对于这里的"百族"，过去学者们都释为"老百姓"。其实这是不正确的。它正确的含义应是"许许多多的部族"。可见，在这个时期，部族还是交换的主体，同时也是社会最基本的单位和细胞。基于此，我同意不少学者的看法，主张将上古三代称为"部族社会"。

　　到了春秋战国时期，伴随着个体小农纷纷从村社的束缚中解放出来，以及由此引发的"编户齐民"的迅速分化，"豪民"产生并逐渐成长起来。之后，这些豪民又从控制基层的选官权开始，进而控制整个社会的政治权力，最终演变为门阀士族。日本学者谷川道雄曾将汉晋南北朝时期的社会称为"豪族共同体"。我认为这是准确的。不过，从与后来的"富民"相对应的角度，我主张称之为"豪民社会"。

　　"豪民社会"具有超稳定的社会结构。东汉时期，豪民在官僚化的基础上逐渐向世族化演变，"世为冠盖"，"世吏二千石"。门阀士族可以世代为官，甚至可以由家族世代垄断某一官职。门阀士族的婚姻须"问阀阅"，人际交往也仅限于豪民之间。豪民的活动有一定的地域范围，形成不同的地域豪民集团，稳固控制着特定的乡里社会。唐代谱学家柳芳曾提出过确认"氏族"的三个要素，"故善言谱者，系之地望而不惑，质之姓氏而无疑，缀之婚姻而有别"，[18]这充分说明了豪民稳固化的社会结构。此外，豪民还通过政治特权，取得大地产所有权，并通过大量庇荫奴婢和庄园化经营，形成了封闭性、强制性生产方式和静态管理模式。这一超稳定的社会结构，深刻影响着当时的政治、经济和社会生活。在政治方面，由于豪民世袭官职，拥有不可动摇的政治特权，封建政府只能与豪民妥协，中央集权政治弱化，形成豪民政权。在经济方面，豪民社会的超稳定结构使经济资源和社会财富无法流动,逐渐凝固化,破坏了商品经济的发展环境,商品经济开始衰落下去。乃至魏晋时期,已经到了"钱货无所周流"的境地。在社会方面,门阀士(世)族与庶族地主和平民之间有巨大的身份和等级差异,出身寒门的人几乎没有任何通道可逾越其身份等级鸿沟。可见,从商品经济中分化出来的豪民,随着其经济力量和政治权力的不断扩大,形成豪民阶层,对政治生活和社会经济产生重大影响,引起了社会结构的重大改变,这些改变又反过来推动着豪民社会的形成、完善和成熟。可以说,是社会变革这一关键因素,导致了豪民社会的形成。

唐宋时期,在社会生产力和商品经济更高程度发展的基础上,中国传统社会又经历了一次重大的变化。随着社会分层的加剧,一批富民乘势而起,形成了"富民社会"。当时,这些社会上的富有者之所以未能如汉唐间的富有者那样演变为"豪民",根本的原因在于社会流动。也就是说,汉唐时期,随着商品经济的衰落,社会基本处于不流动状态,使富有者能够长期据有很高的社会地位并把持政权;唐宋时期,社会流动的发展使这种情况难以出现。其中,一个重要的问题在于,随着社会流动形成了一个庞大的官僚阶层,官吏成为一种可以流动的职业,而不能形成汉唐间具有稳定性的世袭门阀。因此,同样是基于商品经济发展下的编户齐民的两极分化,汉唐形成了"豪民社会",而唐宋则形成了"富民社会"。唐宋之后,历元、明、清,富民一直是社会经济关系和阶级关系的核心。所以，我主张将唐宋至明清的中国传统社会称为"富民社会"。

无须多言，"富民社会"就是在富民阶层崛起的过程中形成的。唐宋时期，伴随着社会生产力的大发展，商品经济达到一个新的高度并引起了整个社会更加深刻的财富分化。随着财富的分化，土地产权制度、阶级关系、经济关系迅速发生变化，富民正是在这一过程中产生和崛起的。苏辙讲到富民的出现时说："物之不齐，物之情也。"[19]也就是说，富民是社会贫富分化的结果。宋代社会中，乡村户分一、二、三、四、五等，与近现代社会划分阶级时的地主、富农、中农、贫农、雇农序列基本相似。富民主要为乡村中的上三等户，是乡村中经济关系和阶级关系变化的结果。由于社会的贫富分化处于经常状态，所以，对单个富民来说，地位不太稳定，但由于在有的富民衰败时，又有人上升为富民，因此，作为一个阶层，富民又是稳定的。这正是这个阶层长期保持活力的根本所在。所有这些，前面我们已作了具体的分析。这里要稍作补充的是，富民阶层的形成和崛起，极大地改变了社会的经济关系、阶级结构以及政治结构，并引起了整个社会价值观念的变化。法国学者谢和耐在《蒙元入侵前夜的中国日常生活》一书中指出，11至13世纪中国社会的总体结构发生了重要变化。这个变化就是在上层精英与民众集团之间形成了一个极其活跃的阶层，即商人阶层。[20]从我们的观点来看，这个中间层并非商人，而是"富民"。这个阶层上通官府,下连百姓。当时,作为社会的中间阶层,富民发挥了十分重要的作用。赵宋王朝的开国之君曾说:"富室连我阡陌,为国守财尔。"[21]宋代的思想家叶适强调:"富人者,州县之本,上下之所赖也。"[22]到明清时期,社会上仍然强调:"故富家者,非独小民倚命,亦国家元气所关也。"[23]

　　具体说来,在唐宋以来的社会中,乡村社会经济关系和阶级关系的发展变化、国家对乡村的控制、乡村社会的内在发展动力与农村经济的发展、乡村文化教育的发展与兴盛、宋代衙前里正和明代粮长制的出现、宋代"地方精英"阶层和明清"士绅社会"的形成乃至宗族势力的发展,以及诸如明代苏松地区重赋这些特殊的经济现象,实际上都与富民阶层有关。这些变化与富民阶层的产生与发展互为因果,共同推动着唐宋社会的变革。因此,"富民社会"的形成反映的是唐宋社会整体性的结构变迁,而不是社会某一方面的变化和发展。换言之,我们说"富民社会"是随着商品经济发展、富民阶层的产生而形成的,这并不等于说我们完全忽视其他因素对它的影响。事实上,富民阶层形成后,带给中国社会极大的影响,在这种影响下,中国社会发生了从经济关系到国家制度以及思想价值观念的一系列变化,而这些变化又反过来进一步推动着"富民社会"的形成和发展。因此,"富民社会"是在唐宋社会的整体变革中形成的。

　　"富民社会"之后,从理论上说,随着商品经济更高程度的发展,市民阶层逐渐壮大,社会将进入"市民社会"。但具体就中国历史的发展而言,明清时期中国社会内部是否已经形成一个市民阶层还是值得慎重研究的大问题。我总觉得,明清时期主要还是"富民社会",市民尚未能形成一个社会阶层。在研究资本主义萌芽问题时,很多学者将"富民"与"市民"混淆起来,这应是研究中的一个重要不足之处。由于我们将富民看成市民,故而就必须找出资本主义萌芽,从而也就必须找出启蒙思想家。

近代以来,随着中国社会内部市民阶层的兴起和发展,整个传统社会经历从富民社会向市民社会的转变。但由于外国资本主义的入侵,中国沦为半殖民地半封建社会,市民社会一直处于形成之中。不过,这种历史趋势已明显地显现出来。20世纪80年代以来的市场化改革,中国的工业化、城市化和现代化步伐大大加快,一个现代化的新型市民社会在逐渐形成之中。我们有理由相信,随着全面小康社会建设的完成,中国将进入中等发达国家行列,城市化率将达到60%以上,城乡差别消失,全体社会成员共同分享现代生活方式,共同享受殷实富足的生活。到那时,中国才算真正进入了市民社会。

长期以来,对于中国传统社会发展的历史体系,我们主要用五种生产方式说来加以描述或划分,国外学者则用古代、中世、近世的划分方法来作区分。近年来,随着学术界对中国有无奴隶制、近代半封建半殖民地是封建主义还是资本主义,究竟什么是封建制的探讨,引发了我们对传统历史分期法的反思。我们认为,不论是五种生产方式还是"古代—中世—近世"说,它们都是基于历史发展法则的历史体系,即中国传统社会的发展必须按这样的阶段顺序演变。而事实上,历史发展是丰富多彩的。在整个历史发展的长过程中,有的阶段很可能不一定经过。因此,我们必须打破基于历史发展法则的历史体系,建立一种基于历史事实的传统社会体系,即用事实说话,事实是什么,我们就提出什么。根据本文上面的论述,显然,中国传统社会经历了从"部族社会"向"豪民社会"再到"富民社会"并最终走向"市民社会"的变迁过程。也就是说,中国传统社会的历史体系可概括为:部族社会——豪民社会——富民社会——市民社会四个大的历史阶段。

三

在中国传统社会,每一个重大的社会变革阶段,社会往往都会呈现出不同程度的混乱,有时甚至伴随着连续不断的战争。这反映了社会变革是一个长期的过程,更说明社会变革是以"乱"的形式表现出来的。也就是说,中国传统社会的变革,表面是"乱",实质是"变","变"是以"乱"的形式表现出来的。这是中国传统社会变革的另一显著特征。

春秋战国时代,各诸侯国争霸,"争地以战,杀人盈野;

争城以战，杀人盈城"。[24]这不可谓不乱。孔子即感叹"礼崩乐坏"。司马迁也指出：

> 自是之后，天下争于战国。贵诈力而贱仁义，先富有后推让，故庶人之富者或累巨万，而贫者或不厌糟糠；有国强者或并群小以臣诸侯，而弱者或绝祀而灭世。[25]

但正是在这个过程中，中国传统社会实现了由部族社会向豪民社会的重大转变。

唐宋之际，先是藩镇割据，然后是五代十国，国家由统一走向分裂之后又重新统一，政权更迭不断，社会动荡，民心背离。这是从大的方面来讲。从更加细微的层面来看，人们常常惊乎世道之乱。如宋人石介就说：

> 国家之禁，疏密不得其中矣。今山泽江海皆有禁，盐铁酒茗皆有禁，布绵丝枲皆有禁，关市河梁皆有禁。子去其父则不禁，民去其君则不禁，男去耒耜则不禁，女去织纴则不禁，工作奇巧则不禁，商通珠贝则不禁，士亡仁义则不禁，左法乱俗则不禁，官有游食则不禁，衣服逾制则不禁，宫室过度则不禁，豪强兼并则不禁，权要横暴则不禁，贿行于上则不禁，吏贪于下则不禁。[26]

实际上,这里的"乱"涉及等级制的变动、国家法律制度的变动、人心风俗的变动、社会力量的变动。

　　明清时期,国内政局动荡,宦官专政,民间宗教活动活跃,各民族的反抗斗争此起彼伏。国外势力也不断掠夺中国的领土与财富,"南倭"、"北虏"时时侵扰,西方殖民主义者频繁发动侵华战争。鸦片战争后,中国被迫向资本主义国家敞开门户,封建王朝内忧外患,民族危机深重。时人深感世道之乱,认为这是一个"天崩地解"的社会:

　　　　三代以上,天皆不同今日之天,地皆不同今日之地,人皆不同今日之人,物皆不同今日之物。[27]

人们对当时社会之变迁感慨颇多:

　　　　古之四民分,后世四民不分。古者士之恒为士,后世商之子方能为士,此宋元明以来变迁之大概也。[28]

社会风气的变化让人们无所适从,"民间只卑胁尊,少陵长,后生辱前辈,奴婢叛家长之变态百出"。[29]整个社会正在朝新的方向发展和变化。

　　20世纪80年代以来的改革开放进程中,中国社会也在经历着变革之中的"乱"。如国有企业改革中,曾出现过"一抓就死、一放就乱"这一痛苦的改革探索过程;农民从土地上解放出来浩浩荡荡走向城市,寻求新的就业机会,人们曾恐慌"盲流";在社会生活中,黄、赌、毒等腐朽现象又沉渣泛起……面对这些新的社会现象和各种复杂的社会问题,有人惊呼"天下大乱"。然而,透过这些"乱"的表象,谁也无法否认中国改革开放20多年来取得的巨大成就。

可见,社会变革往往伴随着"乱"。如果从现象上看,无疑是"乱"和"怪",因为这些变动打破了人们早已习惯的社会状态。但如果从历史发展的角度来审视,这无疑是一种变革。换言之,变通过乱体现出来;表面是乱,实质是变。这是中国传统社会变革的一大特点。因此,对于中国传统社会,我们应该以变动的历史观,透过"怪"和"乱"的表面,从社会变革的深层去思考、去阐释那引发社会变革的深层动因。

为什么社会变革时期总是"乱"?社会变革实际上是一个旧的制度逐渐消亡,新的制度不断建立的过程。由于旧的消亡、新的尚未全面建立,社会就处于一种失范状态。变革的过程同时还是一个利益关系调整的过程,利益既得者在变革中面临着利益损失,他们必然要采取种种方式或手段来阻挠变革;将从变革中获得利益的一方则极力主张改革、力图推进改革。这两种势力的激烈交锋,必然造成政治、经济、社会等多方面矛盾交错,引起人们思想意识多重冲击,甚至造成社会的不稳定。因此,在社会变革的时期,往往需要通过不断的改革调整不适应形势和社会发展需要的制度、关系。这样,社会变革就不可避免地与改革联系在一起。春秋战国时期,各诸侯国相继掀起变法运动;唐宋之际,重大的改革先是杨炎的两税法,继之是范仲淹改革、王安石变法等;明清时期,张居正推出"一条鞭法",清朝继续实行"摊丁入亩";当今中国,改革正在一场接一场深入进行。从这个意义上讲,"改革就是解放和发展生产力"这句话是深入揭示了中国社会的特征的。

中国有一句古话:"大乱达到大治"。没有变革,就没有社会的发展;没有变革,就没有文明的进步。"变"会带来一定时期的"乱",但"乱"并非无秩序,而是一个秩序重组的过程。随着变革的不断深化,旧秩序的残余逐渐消退,新秩序逐渐建立,社会就从"乱"转向"和谐",一个充满生机的和谐社会就开始展现。所以,面对今天纷繁复杂的社会,我们大可不必惊恐和丧失信心,未来的历史必将证明中国正朝着一个崭新的阶段迈进。

四

社会变革是社会的整体变化,而非局部的变化。它包括了生产力的发展、经济结构的调整、生产关系和阶级关系的变化、政治制度的转变、思想观念的变化。也就是说,社会变革除了有各种制度的创新,还必须有思想领域的变革,必须有社会意识和价值观念的同步调整和转换。在中国传统社会的变革中,每一次都包含有思想价值观念的大讨论。春秋战国时期,学术思想领域百家争鸣。唐宋时期,掀起义利之辩。这是一场深入持久的思想大解放运动。明清时期,经世思潮和变革思潮的兴起,强烈冲击着传统思想观念。20世纪80年代以来的这场变革,首先就掀起了关于"实践是检验真理的唯一标准"的大讨论。这说明思想价值观念在社会变革中占有极其重要的地位。因为社会变革既需要思想价值观念的同步变化,更需要它开辟道路。

中国传统社会的每一次变革,都伴随着儒家文化的复兴和儒家思想的发展。春秋战国时期的社会大裂变,打破了文化领域的孤立、静态格局,为代表各阶级、集团的思想家们提供了"争鸣"的历史舞台。他们的一些思想或学说,为统治者所采纳,付诸于政治实践。但无论是"以法为教,以吏为师"的法家思想还是"无为而治,待时而动"的道家思想,都未能有效地规范和引导大变革社会的意识形态走向和谐。孔子创立的"仁本礼用"的儒学思想,经过孟子、荀子等思想家的丰富和发展,日益显示其博大精深的理论内涵和实用主义特征。汉武帝时期,"罢黜百家,独尊儒术",儒学最终从百家思想中脱颖出来,取得了思想领域的统治地位。与此同时,儒学也开始走向政治化和制度化,形成了儒家思想政治化和政治思想儒家化这一极具特色的中国传统政治文化。

在儒家思想由一家学说逐步转化为主流思想意识和政

治意识的同时,中国传统社会逐渐从部族社会转向豪族社会。豪族社会的凝固化特点也突出地体现在思想领域。当儒学取得统治地位之后,统治者不仅将尊儒政策落实到教育制度和官吏选拔制度上,而且也使儒学逐渐局限为阐释圣人"微言大义"的经学。教条式的传经之学和注经之学使儒学的生命力渐渐枯萎。魏晋南北朝社会大动荡,使儒学独尊的思想模式受到重大冲击,玄学的产生、道教的创立和佛教的传入,造成意识形态领域的激烈冲撞。在多元思想相互冲突、相互整合的过程中,迫切需要顺应时代要求创新儒家学说,用以重新规范和引导社会意识。在这种背景下,唐儒韩愈首创"道统"思想,李翱又创"复性"学说,揭开了儒学复兴的新篇章。张载、程颢、程颐、朱熹、陆九渊等儒学大师对传统儒学进行发展,形成了以修身成己为本,以治国平天下为用的理学。儒学再次发挥其政治功能,成为大变革时代引导社会意识形态趋向和谐统一的重要工具。可见,宋代理学的形成,既是对儒学的全面复兴,更是社会变革对儒家文明的呼唤。

明清时期,中国社会向新的方向转变。不断深化发展的商品经济,将平等性、竞争性和流动性等经济法则渗透于社会各方面,引起深刻的社会大变革。社会变革激发新的价值观念产生。明清时期,出现了一批启蒙思想家,他们对专制主义和传统思想提出了尖锐的批判。传统的宋明理学思想走向式微,思想界开始形成了一股"通经务用"、"经世应务”的实学学风。鸦片战争以后，帝国主义列强用武力打开中国大门，中国陷入了内忧外患、民族危机加剧的动荡之中，进一步呼唤着价值体系的创新。洋务派提出了“中体西用”，试图吸收西方新学补充传统儒学，但当时学习西方新学仅局限于西方之“技”，并未触动旧传统思想的根基。“五四”时期，为了救亡图存，民主主义者力图用西方的“科学”和“民主”改造旧世界。于是，有的思想家提出了“打倒孔家店”的口号，全面否定传统儒学和传统文化，实行彻底的“全盘西化”。但经过四五十年的社会实践之后，人们开始意识到，“全盘西化”并不能使中国走向民主化、科学化和现代化，只有“中学为体，西学为用”，充分吸收中国传统文化的精髓，继承和发展儒家思想，才能使中华民族奋发图强，重新崛起。以儒家思想为主体的中国传统文化的优秀元素，是中华民族永恒不变的精神力量，是中华民族不断创新发展的动力源泉。

今天的中国，正在发生着天翻地覆的巨大变革，思想观念也处于多元化交织的状态，有传统文化与现代化的冲突，也有中国文化与西方文化的冲突。在这种冲突的背景下，更需要整合各种思潮，按新时代的要求重构民族化的思想体系和价值观念，大力弘扬民族精神。尤其是应深刻认识到，在今天这样一个变革新时代里，社会的发展，国家的兴盛，需要借鉴全人类社会的一切进步成果。但是，我们可以引进国外一切先进的技术，却无法引进完整的思想体系，无法引进民族精神。中国传统社会变革的历程告诉我们,每一次价值观念的整合,都以儒家思想的创新为主流。在今天的社会变革中,构建新的价值体系,关键在于我们怎样认真继承中国优秀传统文化,继承中华文明的优秀成果。这是我们民族精神的根基所在。

（原载《思想战线》2005 年第 4 期）

注　释

1　《孟子·滕文公上》。

2　《汉书》卷24《食货志》。

3　严复:《严几道与熊纯如书札节钞》,载《学衡》第 13 期,江苏古籍出版社 1990 年。

4　王国维:《静安文集续编·宋代之金石家》,载《王国维遗书》第 5 册,上海古籍出版社 1983 年。

5　《陈寅恪先生文集》第 2 卷,第 245 页,上海古籍出版社 1980 年。

6　金毓黻:《宋辽金史》,第 5 页,商务印书馆 1946 年。

7　李新:《跨鳌集》卷2《上王提刑书》。

8　内藤湖南:《概括的唐宋时代观》,载《日本学者研究中国史论著选译》第 1 卷,中华书局 1992 年。

9　傅衣凌:《中国传统社会:多元的结构》,《中国社会经济史研究》1988 年第 3 期。

10　李埏:《经济史研究中的商品经济问题》,《经济问题探索》1983 年第 3 期。

11　《尚书·夏书·五子之歌》。

12　《孟子·尽心下》。

13　《左传·庄公三十二年》

14　《诗经·周颂·载芟》。

15　《诗经·小雅·大田》。

16　《汉书》卷24《食货志》。

17 李埏:《夏、商、周——中国古代的一个历史发展阶段》,《思想战线》1997 年第 6 期。

18 《新唐书》卷 114《儒学·柳冲传》。

19 苏辙:《栾城集·三集》卷 8《诗病五事》。

20 谢和耐:《蒙元入侵前夜的中国日常生活》,第 37 页,江苏人民出版社 1998 年。

21 王明清:《挥麈录·余话》卷 1。

22 叶适:《水心别集》卷 2《民事下》。

23 钱士升:《定人心消乱萌疏》,载光绪《重修嘉善县志》卷 31《奏疏》,光绪十八年(1892 年)刊本。

24 《孟子·离娄上》。

25 《史记》卷 30《平准书》。

26 石介:《石徂徕集》卷下《明禁》,中华书局 1985 年。

27 魏源:《魏源集》上册《墨觚下·治篇五》,中华书局 1976 年。

28 沈垚:《落帆楼文集》卷 24《费席山先生七十双寿序》。

29 管志道:《从先维俗议》。

乡村精英·土地产权·乡村动力

——中国传统乡村社会发展变迁的历史启示

历史与现实永远有割不断的联系。中国传统社会之所以能不断发展繁荣,并保持世界领先地位,主要就是农业文明一直保持旺盛的发展能力。而这一发展能力的形成,关键在于中国乡村社会内部始终有一股强大的内在发展动力。换言之,中国传统社会乡村的发展与进步,主要是靠内在动力的推动,而不是外力的拉动。这就启示我们:当今中国要解决"三农"问题,关键在于培植乡村社会内在的发展动力。这是农村工作的一大中心任务,应引起高度重视。本文主要通过对传统中国乡村社会内在发展动力的揭示,指出当前"三农"问题中值得重视并需认真解决的关键问题。

一

人民是创造历史的主体。中国传统社会中,"民"的演

变是一条历史主线。追溯几千年中国传统社会的历史演变
过程,可以概括为四个重要的阶段,即部族社会——豪民社
会——富民社会——市民社会。这四个阶段的不同特征就
在于"民"在社会历史发展中的作用不一。

　　从社会发展史来看,在上古三代乃至更早的历史时期,
由于极其低下的经济基础和较为简单的社会形态,"民"是
村社的附属物,"民"的社会分化尚未显现,一个村社就是
一个"部族",个体小农家庭整合在村社和部族之中,可谓
"部族社会"。春秋战国时期,随着社会生产力的大发展,
个体小农家庭从村社的束缚中解放出来,变成国家的"编
户齐民"。秦汉大一统之后,一些贵族和军功受勋者依仗
其身份特权,获取大量土地和地方统治特权,从而形成世袭
的、拥有强大权势和经济实力的地方性势力集团——门阀
士族,又称为"豪民"。这些"豪民"在秦汉、三国、魏晋南北
朝的大动乱中,起到了十分重要的作用,谷川道雄将其称为
"豪族共同体",我们可将这一时期称为"豪民社会"。

　　中唐以后,随着商品经济的发展,社会财富力量迅速崛
起,引起了新的社会分化,由此兴起了一个新的社会阶
层——富民阶层。新兴的富民阶层在追求个人财富增长的
过程中,促进了商品经济向更深层次、更广程度发展,使传
统社会内核发生裂变,开创了社会大变革的历史时代。这
个新兴的富民阶层在追求社会地位提升的努力中,把自己
变成知识拥有者,同时也使自己成为正统价值观的布道者

和乡村社会控制的主要力量，为社会的稳定与和谐作出重要贡献。

中国传统社会后期，随着手工业经济和城市经济的增强，原始工业化进程启动，昔日活跃在乡村社会的富民阶层也开始呈现出向市民阶层转变的历史趋向。直到今天，市民阶层仍然伴随着中国现代化进程在转化和发展着，在不断壮大。市民对个人财富、公平自由、社会秩序的强烈追求与积极争取，为社会注入民主与自由的清新空气，推动着社会制度的创新与变革。

在"民"的历史演变过程中，对中国传统社会影响最为深远的，要数唐宋时期富民阶层的兴起及其壮大发展。所谓"富民"，在史书中有多种称谓，主要有"富室"、"富家"、"富户"、"富人"、"富姓"、"多赀之家"等等，意指经济状况优越、财富积累多（尤指田产多）的个人或家庭。富民虽然包括少数靠工商业致富的人，但绝大多数是乡村中靠土地经营致富的人，而且即便是工商大贾，也多置田产以为世代家业。因此可以说，唐宋以来兴起的富民阶层，主要是乡村富有者。

随着这一阶层财富力量的不断壮大，获取新的社会地位、谋求社会话语权就成为其追逐的目标。隋唐以来科举取士的官僚选拔制度，为平民的社会流动提供了一个重要通道。科举制度规定，任何人无论出身、地位，只要他能熟读儒家经典和通晓文学知识，他就有望通过科举考试入仕做官,进入国家官僚体系。这一制度切合了富民阶层谋求更高社会地位的政治要求,培养弟子读书应试成为富民家庭或家族的头等大事,宋代人曾说"中上之户,稍有衣食,即读书应举,或入学校"。[1]一旦有弟子通过勤学苦读在科举考试中获得功名,便"身享富贵,家门光宠,户无徭役,庇荫子孙",[2]不仅个人社会地位得以提高,整个家族也因此而获得了荣耀。科举入仕的华彩转身,并没有使富民阶层因此而脱离乡村社会,中国的士大夫在外任职之时,多以家族事务共裁者或支配者的身份影响着其家族乃至乡土社会,当退职返乡赋闲之时,他们更是成为家乡社区的公共事务的组织者和主持者。而那些没有入官为仕的低级知识分子,多以教私塾为业,为村民所尊重,在乡村社会生活中也发挥着传播知识和推动道德教化的作用。明清时期,这些持有知识的富民被称为"士绅"。而事实上,富民士绅化在唐宋时期就已经开始。

从财富拥有者到知识持有者,从"素封"到国家正式认定"功名",富民阶层在追求更高的社会地位的过程中逐渐脱颖而出,成为对乡村社会有重大影响的精英群体。美国学者包弼德曾撰文指出,由唐至宋,社会的一大重要变迁就是形成了一个"地方精英"集团。[3]实际上,这个"地方精英"集团就是富民阶层。笔者以为,与其称之为"地方精英",不如称之为"乡村精英"更为恰当。

二

作为乡村精英的富民阶层,从产生的那天起便对乡村社会产生了重要影响,成为中国传统社会持续稳定发展的"动力层"和"稳定层"。这主要表现为:

第一,富民阶层是乡村经济发展的推动者。

富民阶层区别于平民阶层的最主要特征在于"富有",即他们具有财富积累的优势。财富是富民永恒的追求目标,广置田产、勤俭治家、多种经营是富民实现财富增长和保持家业兴旺的主要手段,于是"富者有弥望之田","势官富姓占田无限","富民之家地大业广"等记载不断出现于史书之中,在富民的家训中亦将买田置业、聚财守产等治生之策传授子孙。[4] 富民积极经营土地,目的不仅是要从土地上获得粮食以供家庭消费需求,更重要的是要土地多产农产品,把农产品用于交换以获得货币财富的积累。在这一逐利目的的驱动下,地主成为商品粮和其他农产品商品供给的主体,在一些经济较为发达的地区,农业生产呈现出按比较利益分工的专业化生产特点,商业性农业获得了较大发展。富民还积极从事非农业经济活动,如经营手工业、矿产业、商业、文化教育事业等等,以此获得相应的经济收入。

在传统社会,乡村富民殷实的财富,还为乡村商业信用的发展提供了必要的借贷资本,一定程度上为贫民维持农业再生产活动提供了必要的资金支持。史书记载"农事方兴之际，称贷富民"，[5] 说明富民是乡村放贷的主体。不可否认，乡村高利贷有其剥削的负面效应，但借贷资本在乡村经济中的流动，也一定程度上解决了部分农户急一时之需的经济困境，使周期性的农业再生产活动得以继续，一定程度上也保护和维持了贫困小农的生计。

20世纪80年代初期，中国农村进行了农村经营体制改革，极大地释放了农村生产力，农村大地上最先冒出了"万元户"，这些先富起来的乡村富民在村社兴办乡镇企业，吸收了本土乡民到乡镇企业务工。诸如江苏华西村、云南大营街等一些乡镇企业发展好的乡村，农民的身份没有变，但他们的劳动方式发生了质的变化：祖祖辈辈面朝黄土背朝天的农民，现在每天穿着工作服，按八小时工作制在企业里上班，按月领工资；农民生存的土地没有变，但他们的生活状况发生了翻天覆地的变化：他们已经从土坯房搬进了整齐规划的别墅群，住上了令城里人羡慕的住房。村民家里多数有几十万的存款，有轿车等高档消费品。

由此可见，富民阶层在追求财富的过程中，为乡村经济注入了新鲜血液，特别是把新的经济关系——商品经济——导入了乡村社会，使中国传统农村家庭自始至终未成为一个完全自给自足的经济实体，而是一个与商品经济密切结合的经济实体。正是因为商品经济这一新型经济关系渗透到了乡村社会的各角落，唐宋以来中国传统农业经济呈现出繁荣发展之势。改革开放以来中国乡村社会发生的深刻变化,也无不与乡村精英作为市场经济的积极实践者带领广大村民致富奔小康有着密切的联系。

第二,富民阶层是乡村文化的持有者和传播者。

富民阶层的另一个追求,是改变自己的社会地位,培养弟子读书、科举应试便成为几乎所有富民家庭执著不懈的追求,正如宋人苏辙所言:"读破文章随意得,学成富贵逼身来。诗书教子真田宅,金玉传家定粪灰。"[6] 笔者曾撰文指出,富民追求文化教育的目的有三:一是培养弟子科举入仕,二是赢得在乡村社会的地位与声誉,三是免除身家力役。[7] 从唐宋至明清,一代代富民孜孜不倦地致力于家庭或家族的文化教育,他们或设立学堂,延请教师教授弟子;或创立义学,支持同宗弟子读书,资助聪慧之族人弟子博取功名;或不惜千金购书藏书,以延续和传承文化知识。这些以财富雄于乡里的富民家庭,大多以诗书礼义持家。这是唐宋以来中国传统社会文化教育发展的重要原因。

由于富民想方设法培养弟子读书,并积极出资出力兴建私学,乡村教育获得了很大的发展。以宋朝为例,昔日被称为穷乡僻野的兴化军,随着富民家庭文化教育的展开,也出现了"家知教子,士风浸盛"的风气。[8] 乡村社会私塾兴盛,富家弟子从小习读诗文典章,下层士绅以教书为业,为乡村社会的知识吸收与知识扩散提供了重要的平台。这不仅使乡村社会里不断复制和培养出了一批知识精英,而且使过去一直被上流社会所独占的教育权和文化持有权向下转移，普通平民也能够接触和学习文化知识，从而扩大了儒家文化思想在乡村的传播，推动了全社会的知识发展。

在当今社会，不少农民出身的企业家在自己富起来之后，也同样致力于促进乡村知识发展。他们积极为贫困学生捐款提供教育费用，在贫困地区兴办"希望小学"，等等。这说明，当今富民以其财力促进乡村教育发展的努力，早已超出了古人"培养子弟"的狭隘个人主义色彩，而是超越于家庭家族、超越于本土乡村，把眼光投向了全民族教育振兴和文化发展的博爱之举。

第三，富民阶层是乡村社会福利的倡导者和供给者。

正如斯科特所指出的，在农民眼里：

> 只有富人们的资源被用来满足宽泛界定的村民们的福利需要的范围内，富人们的地位才被认为是合法的……富人被要求作出的慷慨行为并非没有补偿，它有助于提高人的日益增长的威望，在其周围聚起一批充满感激之情的追随者，从而使其在当地的社会地位合法化。[9]

唐宋以来，富民阶层作为社会的财富力量异军突起。他们在乡村社会中积极塑造正面的社会角色，极力树立个人威望，努力谋求乡村社会的话语权。他们中的大多数正是利用自己的优势资源——财富——来实现这一目标的。通常的方式是提供乡村社会公共产品和村民福利,如出资修建地方性农田水利设施,修路筑桥,在灾荒期间进行赈灾救济等。黄宽重指出:

> 宋代各地的公共建设与文化发展的动力,主要来自当地的士人与富豪,而富人是主要的赞助者。[10]

还有一些乡村社区福利是以家族性福利分配的方式出现,宋以来很多乡村都有"义庄"、"义田",通常是富民率先捐献出部分田产作为"同宗族人"共有的田产,利用"义庄"、"义田"的租佃收入周济同族乡党。

水利设施、道路桥梁属于公共产品的范畴,赈灾救济和经常性帮扶弱者属于社会福利范畴,在现代社会,它们都应由政府供给,是实现社会公平和保持社会稳定的"平衡器"。但即便是在现代社会里,受政府财力的限制,乡村公共产品和社会福利的供给也是相对短缺的,当今的中国农村即存在这样的问题。一些有乡村"能人"的村庄,在"能人"的带动下不少村民走上了致富之路,与此同时集体经济实力也壮大了。这些村社靠集体经济的力量修筑了乡村公路,改善了村容村貌,有些还建盖了养老院、幼儿园,向村民发放养老金、学费补助等等,这在很大程度上解决了村社的公共产品和社会福利供给困难。

中国作为一个发展中国家，无论在传统社会还是当今社会，都存在着政府对乡村公共产品和社会福利供给不足的问题。富民在乡村社会倡导和推动的这些社会公益事业，无疑是积极主动地承担起了政府的部分职能，很大程度上满足了村民对社会福利的强烈需求，一定程度上促进了社会公平，对乡村社会的稳定起到积极作用。

第四，富民阶层是国家乡村治理的主要依靠力量。

富民阶层对乡村社会的贡献远多于捐钱捐物，为自己树一块"仁义道德"的牌坊，他们有更远大的社会目标。他们积极致力于乡村社会事务的治理，是在努力推动乡村自治与国家治理的自觉调适。

唐宋以来，随着富民阶层的崛起，过去由豪强望族把持的基层控制力量发生了变化，新兴的富民阶层成为乡村社会的非正式控制力量。这些乡村富民和居乡士绅常常出面规劝行善、调解纠纷，成为乡村社会的道德仲裁者和纠错矫枉者。如《名公书判清明集》中所记载的判例，有30%都是通过民间调解来处理的。随着富民对乡村事务的控制力逐渐增强，他们逐渐发展到建立乡会、社案，主持乡饮酒礼，制定村规乡约，形成具有一定组织建制的乡村社区自治组织管理系统。陕西蓝田县由吕氏兄弟创设的中国第一部乡规民约《吕氏乡约》，可以说建制完善、组织严密，它对村民的行为规范无所不及，所规定的惩罚手段从经济到人身生命，体现了乡村社会逐渐变成了富民的势力范围或"士绅的权力场域"。[11]

尽管如此,不断扩张的乡村社会控制力并没有被士绅所滥用,这些深受儒家思想浸润的乡村知识分子总是试图在他们的"治家"原则中贯彻仁义道德等正统伦理思想,从而达到把国家倡导的"礼治"与村民的自觉相统一之目的。葛兆光在分析了士绅统治乡村与国家治理之间有可能出现冲突的同时,特别指出:

> 总的说来,国家与士绅、政治权力与文化权利在支持以道德为核心、礼法为背景的文明在社会中的扩张方面,却是相当一致的,国家通过刑法对民众进行"惩罚",而士绅则常常是通过教育进行"规训"。[12]

由于富民阶层已经发展成为乡村社会控制的主要力量,迫使政府不得不调整国家基层治理方式,从过去"抑富"转变为依靠富民、利用富民治理乡村。唐宋之际,国家对基层社会的控制由乡官制转变为职役制,从而使国家对基层社会的治理呈现出巨大的历史分野。由乡官制到职役制的转变,其实质是基层管理者选拔标准的改变,即由过去以"德才"为主要标准转化为以"财力"为主要标准。宋代的衙前、里正,基本上是由上三等户充任,南宋推行都保制,上三等户仍是应役的主体。明代的粮长制,是"以良民治良民"之策,[13]地方官员所选拔出来的"粮长",均为田地多者和家产殷实者。明后期的里甲制和清朝推行的保甲制，也无不以乡村富民为国家基层治理的主要依靠对象。改革开放以来中国乡村社会出现了新的财富力量，政府同样也十分重视他们的利益诉求及其在乡村社会的作用，每一届人大、政协会议，都有一定比例的乡镇企业家、乡村致富能人被选为代表，参政议政。这也说明，任何时期，富民在乡村基层治理中的作用都不可忽视。

综上所述，富民阶层不仅是一股强大的财富力量，还是一股强势的文化力量和政治力量，对推动乡村社会发展起着重大作用。富民在追求财富和知识的过程中，推动着乡村社会的经济增长和文化发展，成为乡村经济文化的"推进器"。富民阶层作为乡村控制的非正式力量和国家基层治理的主要依靠对象，在乡村积极探索将国家"礼治"法则秩序化、日常化、生活化的政治实践，促进了乡村社会风尚的文明化和民众行为的规范化，成为乡村社会的"稳定器"。

三

孔子"不患寡而患不均"的国家治理理念，几千年来被中国统治者奉为圭臬。为了实现"均"，统治者总是想方设法"摧抑兼并"，"贱商人"，甚至还采取"算缗"、"告缗"等极端手法来打击"显富"之人。中唐以后，随着富民阶层的崛起和壮大，统治集团乃至整个社会认识到富民阶层作为乡村精英是乡村社会的发展动力,统治者一改打击豪强大姓的传统做法,转而肯定富民和主张保护富民,社会上出现了一股保富思潮,形成"保富论"。

宋人苏辙说:"惟州县之间,随其大小,皆有富民,此理势之所必至,所谓:物之不齐,物之情也。"[14]这一言论代表了当时多数官僚和知识分子对富民的基本看法,富民不再是洪水猛兽,他们的出现是社会发展的必然。自中唐以来,不少士大夫发表了为富人辩护的言论,唐有柳宗元称"富室,贫之母也,诚不可破坏",[15]赵宋立国之初出现了"富室连我阡陌,为国守财尔"的言论。[16]北宋苏辙认为大姓是"州县赖之以为强,国家恃之以为固"的重要力量,"非所当扰,亦非所当去",[17]应合理地加以保护。南宋思想家叶适更是将"保富"的重要性提到上至国家富强、下至基层稳定的高度,他认为富民是国家"上下之所赖",是"供上"、"养民"的社会中坚力量,国家不应"破富人以扶贫者",[18]而是应积极保护富民,让富民阶层发展壮大。唐宋时期产生的"保富论"思潮一直延续到明清,明代丘浚提出要"使富者安其富",[19]清代思想家王夫之也提出应"纾富民",[20]魏源更是大声疾呼"土无富产则国贫,土无中产则国危",[21]提出了要大力维护富民经济利益的政治主张。"保富论"的提出并非偶然,事实上是肯定了富民阶层是推动乡村社会发展的动力所在。

晚清时期,当统治者终于从"治天下"的精神幻想中回

归到"管国家"的严酷现实中时,中国已经远远落后于西方
新兴的资本主义国家。面对帝国主义列强坚船利炮凌辱之
耻,中国的知识分子开始积极探索图强求富的社会变革。
戊戌维新运动是中国近代知识分子倡导的一次资本主义改
良的政治试验,其领袖康有为在痛陈中国当时之弊病及发
展资本主义之必要性时指出:

> 中国今者公私交匮,几成赤地,全在增资本,奖富
> 实耳。资本增矣,富豪多矣,而后贫者依以谋生,中产
> 得以渐富,地利赖以广辟,大工大商赖以举办,而后国
> 赖以立。……吾国若多富豪,如迦利忌、落基花路、摩
> 根者,岂止内地之农工商矿可大起,即远边之辽、蒙、
> 回、藏之实力可速拓植,中国之贫民,岂复忧生,中国之
> 富源,岂可思议也?[22]

他强调中国发展资本主义在于培植大富豪,只有形成一个
经济实力强大的富豪群体,才可能促进国家工商业的发展,
加快边疆落后地区的开发,实现国家富强之目的。著名科
技史专家李约瑟毕生致力于中国科技史的研究,他惊异于
中国14世纪以前科学技术所取得的卓越成就,也困惑于明
清以后中国科学技术走向衰落的事实。在解释这个后来被
称为"李约瑟之谜"的问题时,李约瑟指出:

　　治经济史者谓中国之经济制度,迥不同于欧洲。
继封建制度之后者为亚洲之官僚制度或官僚封建制
度,而不为资本主义。正缘资本主义之翼覆,欧洲十六
七世纪乃有近代科学之伟大发展。大富人之未尝产
生,此科学之所以不发展也。[23]

以李约瑟的这一观点来看,中国科技发展的高峰时期是 11
世纪,恰好是富民阶层作为社会财富力量崛起的时期,而
15、16 世纪中国科技创新的动力逐渐丧失,到 19、20 世纪
时远远落后于西方发达国家,这一历史时段,正是中国的富
民阶层逐渐衰落,最终走向消亡的时期。这充分说明富民
阶层不仅是乡村社会的内在动力,很大程度上也是整个国
家发展的动力所在。

四

　　中国传统社会为什么会形成一股强大的乡村社会发展
的内在动力? 这主要是由于土地产权制度的变革。
　　早在 2000 多年前商鞅变法"民得卖买",就首次承认
了私有土地产权。但在中唐以前,国家对私有土地产权干
预较强。在中古田制下,土地主要是一种社会等级的体现,
是政治要素。从秦简牍有关"授田"的记载,到北魏、隋、唐
大规模实施"均田制",无不体现了国家王权对土地资源的

配置拥有强大的权力,所谓"计口授田",并非以自然人而是以社会人为分配土地的对象,也就是说是按"人"的身份等级、社会地位来进行土地分配的。这种按等级授田,反映了在当时土地资源配置过程中,政治力量是起决定性作用的。

唐代中期,商品经济开始获得恢复性的发展,市场经济因素犹如星火燎原之势,迅速在城乡各地发展起来。到宋代,中国传统乡村社会已发生了很大的变化:昔日宁静的乡村社区开始出现了"草市"、"墟市"的喧嚣,一些村庄已被新兴的"市"、"镇"所取代;过去以"耕织"为业的农民逐渐"不务正业",或"唯以植茶为业"[24],或"乡落细民步担入市"。[25]商品经济是一种追求经济利益最大化、以市场为导向配置资源的经济,"是天生平等派",必然对原有的生产方式和社会关系产生巨大的冲击力和瓦解力。不言而喻,受商品经济冲击最大的,正是传统社会的基础性产权制度——土地产权制度。

中唐以来,出现了一股越演越烈的土地买卖和土地兼并之风,尽管政府三令五申,也推出过一些试图救世的田制,但此风屡禁不止,乃至于发展到政府无法控制的地步。到了德宗建中元年(780 年),已经是"丁口转死,非旧名矣;田亩移换,非旧额矣;贫富升降,非旧第矣",[26]当局者只好"兼并者不复追正"。[27]两税法的实施,正式宣告了"均田制"以失败而告终,自此,"田制不立",土地私有制正式确立。如果说商鞅"废井田,开阡陌"是第一次承认土地私有制的合法性的话,那么,唐宋时期则是土地私有制确立起主导性地位,唐宋时期的土地产权制度出现了重大变革。

土地私有产权的最基本特征,在于土地所有者可以自由处分他们的土地产权,即"有钱则买,无钱则卖"。市场化的土地产权流转,有效促进了土地资源的优化配置,一些缺乏劳动力或无再生产投资能力的贫穷农户的土地,通过市场交易流向了有经济实力的地主手中,地主通过租佃经营或雇佣劳动组织生产并进行必要的再生产投资,使土地的经济价值得以充分发挥,农业生产效率大为提高。宋人苏轼曾指出:

> 曷尝观于富人之稼乎? 其田美而多,其食足而有余。其田美而多,则可以更休,而地力得完;其食足而有余,则种之常不后时,而敛之常及其熟。故富人之稼常美,少秕而多实,久藏而不腐。今吾十口之家,而共百亩之田,寸寸而取之,日夜以望之,锄耰铚艾相寻于其上者如鱼鳞,而地力竭矣;种之常不及时,而敛之常不待其熟,此岂能复有美稼哉?[28]

农业生产效率提高的最直接受益者,当然是土地所有者。土地经营使地主的经济实力逐步增强,而不断增强的经济实力又支持他们扩大土地购买,进一步扩大财富积累。

于是"富者有连阡之田,贫者无立锥之地",[29]"势官富姓占田无限",[30]社会上逐渐出现了"多田翁"、"足谷翁"、"富家翁"等,在各地则有"高强户"、"出等户"、"无比户"等,表明一批"富民"正在崛起。郑学檬在论及唐五代太湖地区经济发展的新趋向时,指出一个新的趋向就是当地富民增多。[31]事实上,这已不单是富户增多的问题,而是"富民"阶层的崛起。

唐宋以来,富民阶层日益壮大,这不仅表现为富民数量增长而"声势日众",而且还在于富民阶层不断"吐故纳新",其内部始终保持着新鲜血液和旺盛活力。个中缘由,仍然取决于土地私有产权的制度安排。土地私有产权确立以后,土地可以自由流转,由土地多寡决定财富地位的富民阶层也因此不断变动,"地主这个圈子是一个 free set,人们可以自由加入,也可以自由退出",[32]故时人有言"千年田换八百主"、"富不过三代"、"十年天地转三家"、"富儿更替做"等等,表明了社会上贫富升降很普遍。这就意味着富民阶层并非一个凝固的社会群体,而是一个进退有序、升降无常的流动的群体。当时社会上虽然也存在剥削和压迫,但确实形成这样一个状况:土地市场优胜劣汰的原则总是将那些经营有方、勤俭治家的人选拔进入富民阶层,科举制度平等竞争的制度安排又使那些学而优者选拔为士绅。而那些懒惰者、骄纵者、不思进取者则被市场法则无情淘汰,沦为贫者。由于有这样的优胜劣汰机制,乡村社会始终有一股无形的力量，推动着很大一部分平民不断努力、勤劳生产、奋发自强、自我超越，这是一种时代精神，推动着乡村社会不断创新和发展。

土地产权是由所有权、使用权、收益权、转让权等一系列权利组成的，土地私有产权制度的确立，使土地产权以更为灵活的方式在土地市场上流动，从而形成了复杂多样的地权交易形式。"地权的分割及其交易形式的多样化，使明清以来的土地流转开始突破人格化交易的限制在更大的地域与更广泛的民众中展开"，[33]明清以来田底、田面、二地主等名词的出现，意味着土地经营权与土地产权实现了更为多样化的分离，土地的所有者完全可以脱离土地经营而以资产所有者来坐享土地收益，就如同现代社会中某一个人在股票市场上购买一只股票一样，他只需要考虑这只股票是否业绩优良，而不需要考虑这个企业如何经营。由于土地既不需要耕作，又不需要经营，即便是收租这样的事情，也可以交由中介来完成，这就激发了更多的人的土地投资积极性，土地投资已经不再是居乡富民的专利，而是扩展到城市体系乃至全民，这使工商业的积累不断地、持续地流向乡村社会。这种资本流向结构，虽然导致了不断强化传统小农经济而难以开启现代经济新时代这一严重问题，但若就农业而论，正是因为有持续不断的资本投入农村和农业，中国才得以确立起辉煌几千年的农业大国的地位。

五

从中国传统乡村社会的发展演进的历史进程,我们得出的重要启示是:乡村精英是农村社会稳定与发展的根本力量。前面已经论述,唐宋以来,随着富民阶层的崛起和富民阶层的士绅化,乡村精英逐步登上历史舞台,成为推动乡村社会发展的动力。然而,当中国近现代化启动以后,昔日乡村社会的这股中坚力量,却在现代化进程中逐渐消亡。从19世纪末到20世纪三四十年代这一段历史时期里,中国艰难地开启了近现代化的大门,同时也产生了乡村精英急剧消逝的社会问题。导致乡村精英消亡的主要原因有三:一是明清中后期,由于人地关系紧张,土地收益不断下降,昔日"耕读"守业的富民家庭多转向"服贾"治家,大量富民迁居城市,离开乡村,与乡村社会的关系渐离渐远。二是1905年清政府废除科举制,普通民众由"学而仕"、由"富而贵"的社会流动通道被堵塞。三是国家对获得功名者的种种特殊待遇取消以及新式教育对传统教育的冲击,使很多乡村文人经济上陷入窘境,社会地位急剧下降。四是新式教育以发展工商实业为主,接受新文化的知识分子的职业机会多限于城市,流回乡村者很少,乡村社会的知识分子逐渐减少。

发展现代化,是一个国家实现强盛的必然选择。以工业化为主导的现代化之路，必然对传统农业带来破坏性冲击，无论是美国的激进式农业革命模式还是俄国的渐进式农业改良模式，都是在现代化进程中探索一条工农协调、城乡一体的现代农业和现代农村的发展之路。反思中国现代化之路，其间最大的失误，就是城乡二元结构并没有在现代化进程中逐步消除，而是在现代化发展中不断加剧。

20世纪80年代以来，改革开放使中国驶向了现代化的高速公路，取得了令人瞩目的巨大成就。与此同时，我们也看到，快速发展的工业化、城市化、现代化、信息化浪潮却没有与农业、农村现代化同步进行，中国城乡差距日益扩大，城乡二元体制所导致的传统与现代的冲突不断加深，从而形成了多种矛盾交织的"三农"问题。

在各种复杂交错的"三农"问题之中，最为突出的一个问题就是乡村精英丧失和流失。在计划经济时代，农村人口通过户籍制度被严格束缚在土地上和乡土社会中，没有任何社会流动的可能；"文化大革命"的"破旧立新"使乡村传统文化根基被破坏殆尽，新制度下乡村教育投资的短缺使农村教育发展滞缓；以农业高积累支持工业发展的国家政策措施抽空了农业财富，集体化和平均主义进一步迫使农民普遍走向贫穷。乡村社会再也没有富民，更无有知识有财富实力的乡村精英。20世纪80年代，中国率先从农村开启了改革开放的新时代，最先受益于改革开放政策的农民有一部分人富了起来，高考制度的恢复使农家弟子获得了社会地位上升的通道，以招收农村青年为主的部队服役制度也成为农村青年的另一条出路。农民的发展通道在逐渐增加。90年代以后，曾经被抑制在土地上的农村富余劳动力终于在沿海经济的快速发展中获得了新的出路，成千上万的青年农民背井离乡涌入城市，用他们的劳动为城市创造财富，同时也有大量打工收入源源不断流回乡村。由此可见，广大农民的求富之路和发展之路在改革开放中不断扩大。

　　然而，这一令人欣喜的变化并没有为乡村社会的发展带来本质上的改变。不断加深的城乡二元结构使城乡分异日益扩大，几乎所有通过读书、参军离开农村的杰出青年都想方设法留在了城市，从此永远成为"城里人"，除了与仍然在老家农村的父老亲戚保持血缘关系外，他们与乡村已经毫无关联。他们在农村没有土地，没有住所，没有投资，甚至没有朋友，他们不必也不能够去处理乡村事务。这些昔日的乡村精英彻底抛弃了农村，为城市的发展不遗余力地贡献力量。那些靠自己的勤劳与聪明才智最先发家的"万元户"或在市场中沉沦了，或在乡镇企业改制中成为民营企业家，逐渐融入了城市社会里，乡村只是他们艰难创业过程中最温馨的记忆，乡村能人不断被现代化的城市体系抽走。那些来城市求生或发财的农民工，尽管多为小学或初中文化程度的青壮年，却使农村仅有的一批具有初等文化知识的劳动者又一次被城市体系卷走，老人和留守孩子构成了村庄里的人文景观。农村社区空壳化、土地撂荒化、文化荒漠化问题的出现,已经不仅仅是农村劳动力的流失,而且是乡村资金的流失、文化的流失、人力资本的流失,这已经十分严重地影响到农村社会发展的可持续性。

问题的严重性是不言而喻的。问题产生的根源,在于城乡二元体制,城市体系大大高于乡村体系的工资报酬率、社会保障制度、公共福利、发展机会等吸引着农村人口流向城市,具有知识优势和财富优势的乡村精英群体自然成为最易于进入城市体系且有条件迁移入城市的主体,而城乡二元体制形成的最关键原因则是土地产权的制度安排。

产权制度是经济制度中最重要的制度,不同的产权制度对资源的使用有不同的规定,资源配置效率是不一致的,对人的激励作用也是不一样的。从中国历史上土地产权制度的演进来看,从上古三代时期的"田里不鬻",到先秦时期的"民得卖买",到魏晋南北朝隋唐时代的"均田制",到中唐以后的"田制不立",到新民主主义革命时期的"耕者有其田",到集体化时期的土地"集体所有制",到改革开放以来的农村土地"联产承包责任制",中国历史上的土地制一直处在国有——私有——国有——私有这样循环往复不断发展的否定之否定过程中,每一次私有化浪潮都是对国有化的否定,每一次国有化的回归都不是彻底的国有,而是国家在一定程度上放松了对土地的管制,如均田制就具有国有和私有的双重特性。在这个螺旋式的演进过程中,土地制度最终都在向着彻底私有化的方向发展。

当今中国的农村土地产权制度，是建立在集体所有制基础上的"永佃制"。"永佃制"保证每一个农民都有权利获得土地的经营权，也一定程度上允许经营者对土地进行诸如出租等方式的处置，但由于土地的核心产权——所有权被一个虚位的"集体"所拥有，从而为土地产权的流动设置了障碍，同时也为土地产权流动的无序化打开了大门。比如农民的宅基地，按现有的法律规定属于集体所有。户籍属于本地的农户需要建盖住房，可向所属集体申请，经批准后自行建盖。农户所建盖的房子并没有获得独立产权，因此农户的宅基房转让是非法的，农户也无法用房屋进行抵押以融资。这些"小产权房"在土地制度的禁锢之下成了农户手中的"死"资产，无法流通和增值。不仅如此，"小产权房"的非流动性严重地限制了城乡人口和城乡资本的自由流动：城市里自由购置房子甚至购房可以解决户口的政策，为农村富余者或乡村精英流向城市提供了便利；农村住房不能流动，为城市人口或城市精英流向农村设置了障碍；乡村的资本积累可以通过房地产投资方式流向城市，而城市的资本则无法通过房地产投资的方式流向农村。由此，形成了人流和资本流的"农村→城市"的单向流动模式。

一个典型的例子就是北京宋庄的兴衰。北京通县宋庄因有众多自由职业者、画家进驻，从事艺术创作，由此引发相关产业如旅游、服务、房地产及其租赁等,给宋庄带来了崭新面貌,形成房地产业、休闲旅游产业互相融合的产业格局。当地农民不仅可以通过租赁房产获得较高的租金收入,而且还通过参与开发文化创意产业和旅游业而大获收益,2006 年宋庄小堡村村民人均纯收入达 13700 元。众多画家长期在村庄进行创作和生活,为农村社区带去了浓郁的文化气息,促进了农村社区文化建设,促进了村民精神文化发展。一些画家为了长期在宋庄创作和生活,购买了当地农户的住房。随着入住宋庄的画家日益增多和相关服务业不断发展,宋庄房地产也随之涨价,一些早年出售房屋的农户反悔。2007 年,出现了宋庄农民集体告画家购买其农房违法案,要求收回房产或支付高额转让费,39 名画家败诉,被法院要求限期搬离所购农房。随着宋庄画家村小产权房案的败诉,不少画家在此永久安居置业的计划被搁浅,他们逐渐离开这个中国先锋艺术的摇篮,宋庄也因此日渐呈现衰落之趋势。

农村土地集体所有的制度安排,也一定程度上导致了农村土地流动的无序化。尽管农村土地已经以 30 年为承包期的方式承包给了农户,但由于土地所有权为集体掌握,处于"虚位"的集体往往被代表"集体"的乡村基层领导人所控制,这就导致一些乡村基层领导打着"开发"、"规模化经营"、"城镇化"等旗号,以政府的强制力对土地进行"征用",强迫农户出让承包土地。承包土地的农户不仅在

"让"与"不让"之间几乎没有发言权,而且在有偿转让金的讨价还价中也处于劣势。近年来,失地农民集体上访事件日益增多,多数上访农民反映自己的承包土地被非自愿低价征用或转让。失地农民贫困化问题也在不少研究报告中提出,失地农民问题已经成为影响农村稳定的重要问题。

六

近年来,中央政府把工作重心转移到农村,下大力气解决"三农"问题,建设社会主义新农村。为了推动乡村的发展,除了国家对农业、农村的财政投入大幅度增加外,还采取了送科技下乡、图书下乡、派新农村指导员和"支医"、"支教"、"支农"人员到农村基层。这些措施虽然起到了一定作用,但这主要是一种外力拉动,难以从根本上解决问题。历史的经验教训给我们一个重大启示:必须将推动产权制度变革与培植乡村精英作为一个有机的整体加以考虑,在乡村培育内在发展动力,这是解决"三农"问题的关键所在。

如何培植新时期的乡村精英？第一,要继续深化农村土地产权改革,让农民能够经营土地致富。从历史上看,从"均田制"到"田制不立"的土地产权制度变革,引起了乡村社会新的财富力量崛起。从现实来看,20世纪80年代中期实施的农村土地联产承包责任制极大地释放了农村生产力,出现了改革开放初期的第一批乡村富民。改革开放以来,政府在推进农村土地承包责任制完善和林业产权制度改革方面做了大量努力,也取得了不少成效。但也不得不承认,中国现阶段的农村土地产权改革还不彻底,土地产权还不够明晰,农民对土地的支配权还受到不少制度约束。应赋予农民更加自由的土地经营权、支配权和收益权,使土地能够按农民的经济利益取向自由流转,使农民能够在土地流转中和土地经营中致富,使土地成为广大农民短期或长期融资的工具,让广大农民手中的土地真正成为"希望的田野"。只有这样,中国广袤的乡村大地上才会不断涌现出一批又一批乡村精英,推动乡村社会的发展。

第二,要通过土地产权激励城市精英流向乡村社会。现代化不是抛弃乡村、摒弃农业、消灭农民,而是要建立起城乡一体化协调发展的新图景。人才和资本在城乡间的自由流动是促进城乡一体化发展的重要内容,这就需要建立起城市人口和乡村人口"双向流动"的机制。既要鼓励农民流向城市,让他们获得新的发展空间;也要鼓励城市人流向农村,让他们在乡村成就其事业和安居乐业。历史的经验教训告诉我们,土地产权激励是一个最重要最有效的激励机制,只有建立起良好的土地产权激励机制,才能够吸引一大批城市精英带着资金、知识与信息主动流向农村,从而构筑起城市与农村体系相互交融的桥梁。

第三,要大力培育新农民,培养新时期的乡村精英群体。中国农村的落后和农民的贫困与农村人口的受教育程度低、知识和技能薄弱有很大关系。虽然昔日的乡村精英即今日的城市精英也时常捐助"希望工程",试图通过这样的形式来体现精英群体对乡村文化发展的社会责任,但这远远不够。在传统社会,乡村精英对乡村文化发展所作出的重大贡献正是在于他们的生活和社会活动根植于乡村社会,从而使他们的知识与才能与乡村文化实现无缝对接,有效地促进了乡村文化的发展。今天发展乡村文化,同样也需要在乡村内部培养一个知识持有群体,通过他们在乡村的日常生活、人际交流、社区活动,把他们的知识与创新思想"涓滴"洒向乡村社会,以此带动和促进优秀传统文化的传承和农村先进文化的发展。这就需要把提高农村劳动者素质,培育新农民即新时期乡村精英群体作为农村工作的重点。在加强农村义务教育的同时,还要加强农村职业教育培养,让农民有接受继续教育和终身学习的机会;要经常性地举办以农村劳动者为主体的各种劳动技能竞赛,让农民也能感受到其工作的社会贡献和社会价值。只有全社会为农民的知识发展、创业活动提供各种必要的支持与帮助,广大农民能够从社会评价中感受到务农的职业成就和社会地位,才能使越来越多的农村劳动者发展成为乡村社会的精英。

最后,要重视乡村精英的政治地位和社会地位。长期以来,城乡之间存在巨大差距的现实状况,使"农民"这个词被等同于"落后"、"愚昧"与"传统"，这是一种文化歧视和社会歧视，十分不利于乡村精英的成长。应通过各种制度消除社会上对农民的歧视和不平等待遇，同时对脱颖而出的乡村精英赋予更多的参政议政机会，对他们的事业发展给予更多的关心与支持，让他们能充分感受到全社会对他们的价值的充分肯定与认同，乡村精英群体才会日益壮大，中国乡村社会也才能有持续发展的"动力层"和推进社会和谐的"稳定层"。

当然，我们也要认识到，由于乡村精英在乡村社区里所具有的经济优势、管理优势和文化优势，他们往往能够整合乡村中的文化力量、经济力量、宗族力量、道德力量和其他各种社会资源，并利用这些合力来实现对乡村社会的控制。因此，乡村精英既是国家可以利用来进行基层治理的一股强大力量，又是国家需要加以引导和控制的地方势力。在传统社会里，乡村富民中就有一些为富不仁、富而豪横者，他们"武断于乡曲"，成为政府难以控制的地方势力。这在宋、元、明、清几代的文献中多有记载。当今中国乡村社会正在实行村民委员会自治，乡村精英往往被选拔为村民自治委员，既是国家的代理人，又是村民利益的代表，如何使乡村精英的这两个社会角色不发生冲突？这就要求国家对乡村社会的治理模式需从乡村社会的发展要求和广大农民的利益诉求出发，不断变革和创新，同时也需要一定的制度规范规定乡村精英对乡村的治理，使之符合国家法律法规，符合社会道德规范,符合乡村社会和谐发展的要求。

　　总之,"编户齐民"的演变,是社会发展的一个基础,在从"豪民"到"富民"到"市民"的演变过程中,中国社会也出现了"豪民社会"、"富民社会"、"市民社会"的发展与变迁。在这个历史变迁过程中,"富民"的兴起及"富民社会"的出现意义重大,它既是一个承上启下的环节,又是一个变革发展的重大历史时期,是解构唐宋至明清乃至近代中国社会特别是乡村社会的一把钥匙。中唐以后,"富民"阶层崛起,它不断发展壮大,成为一个对乡村社会发展有重要影响的精英阶层,他们拥有强大的财富力量、知识力量、道德力量,推动着乡村经济文化的发展和乡村社会的进步,是乡村社会的"动力层"、"中间层"、"稳定层"。正是因为乡村精英在社会生活中所发挥的作用日益重要,唐宋以来出现了"保富论"的经济思潮,这事实上是肯定了富民是乡村社会发展的动力。中国传统社会之所以形成一股强大的乡村社会内在发展动力,最根本的原因是土地产权制度的变革。唐宋以来土地私有产权的主导性地位的确立,为富民阶层的崛起和精英分子回流乡村为乡村发展服务提供了制度保障。

　　近现代以来,在中国探索工业化、城市化发展的现代化进程中,中国的乡村精英不断流失,乡村社会发展一度普遍缓慢乃至停滞。改革开放初期,农村土地制度改革使中国农村大地焕发了新的生机,但随着城乡差距急剧扩大,"三农"问题、城乡二元结构问题已经成为制约中国现代化发展的重大问题。解决中国的"三农"问题，单靠城市支持乡村、工业支持农业的外力拉动是不够的，最为根本的是要在乡村内部建立起自我发展的动力机制。这就要求我们要将推动农村土地产权制度变革与培植乡村精英作为一个有机整体加以考虑，通过创新土地产权制度来培植乡村精英和促进城市精英回流乡村，以乡村精英为"动力层"，推动乡村经济文化发展和维护乡村社会稳定。

（原载《中国经济史研究》2009 年第 4 期）

注　释

1　张守：《毗陵集》卷 3《论措置民兵利害札子》。

2　《嘉定赤城志》卷 37《风土门》。

3　包弼德：《斯文：唐宋思想的转型》（中译本），江苏人民出版社 2001 年。

4　成书于宋代的《袁氏世范》就是典型的富民治家之训。

5　真德秀：《西山文集》卷 10《申尚书省乞拨和籴米及回籴马谷状》。

6　苏辙：《栾城集》卷 5《寄题蒲传正学士阃中藏书阁》。

7　见拙作《唐宋乡村社会力量与基层控制》，第 44—45 页，云南大学出版社 2005 年。

8　李光：《庄简集》卷 16《儋耳庙碑》。

9　詹姆士·斯科特：《农民的道义经济学：东南亚的反叛与生存》，第 52—53 页，译林出版社 2001 年。

10　黄宽重：《从中央与地方关系互动看宋代基层社会演变》，《历史研究》2005 年第 4 期。

11　杨建宏：《〈吕氏乡约〉与宋代民间社会控制》，《湖南师范大学社会科学学报》2005 年第 5 期。

12　葛兆光:《中国思想史》第二卷,第 275 页,复旦大学出版社 2007 年。

13　《明太祖实录》卷 68,洪武四年九月丁丑。

14　苏辙:《栾城集·三集》卷 8《诗病五事》。

15　柳宗元:《柳河东集》卷 32《书论政论服饵四首》。

16　王明清:《挥麈录·余话》卷 1。

17　苏辙:《栾城集·三集》卷 8《诗病五事》。

18　叶适:《水心别集》卷 2《民事下》。

19　丘浚:《大学衍义补·市籴之令》。

20　王夫之:《黄书·大正》。

21　魏源:《古微堂内集》卷 3《治篇》。

22　康有为:《理财救国论》,《康有为政论集》,中华书局 1982 年。

23　王钱国忠编:《李约瑟文献 50 年(1942—1992)》,第 335—336 页,贵州人民出版社 1999 年。

24　沈括:《梦溪笔谈》卷 2。

25　王炎:《双溪类稿》卷 21《上赵帅》。

26　《旧唐书》卷 118《杨炎传》。

27　《文献通考》卷 2《田赋考三·历代田赋之制》。

28　《苏东坡全集·全集》卷 23,《杂说》。

29　《旧唐书》卷 19 上《懿宗本纪》。

30　《宋史》卷 173《食货上一》。

31　郑学檬:《唐五代太湖地区经济试探》,《学术月刊》1983 年第 2 期。

32　赵冈:《中国传统农村的地权分配》,第 6 页,新星出版社 2006 年。

33　龙登高:《地权交易与生产要素组合:1650—1950》,《经济研究》2009 年第 2 期。

培植乡村精英:当前新农村建设的重点任务

　　自 2004 年以来,党中央、国务院以前所未有的历史紧迫性把解决"三农"问题视为全党工作的重中之重,连续几年出台了指导农业和农村工作的"一号文件",积极推进社会主义新农村建设。近年来,中国农村发生了巨大的变化,农村基础设施大大改善,农业机械化水平快速发展,农民生活水平有一定程度的改善。在我们的调研中,发现不少农村公路修好了,统一规格的新房子盖好了,村庄的文化活动室建成了,村庄社区环境美化了,但是,住在新房里的村民生活仍然窘迫,文化素质仍然十分低下,村民的生产生活和精神面貌仍然没有明显的变化。目前,农村"文化荒漠化"、"村庄空壳化"、"社区散盘化"等问题仍然较为明显,尤其在经济社会不发达的西部农村更为严重。引起这些问题的原因是多方面的,其中一个很重要的原因是,在现代化进程中,中国农村逐步失却了一个中坚力量——乡村精英。

一、历史的启示:乡村精英是推动中国传统乡村社会发展的动力源泉

中国传统社会为什么能长期保持发展和繁荣? 中外学者从不同的方面作了许多解释。但只要深入分析,就会发现:最根本的原因是中国传统社会形成了一个乡村精英阶层。这个阶层是中国乡村社会的"动力层"、"发展层"、"中间层"。中国乡村社会发展必须依赖这股内在的发展动力。如果没有这个内在动力,仅靠外部推动是难以从根本上解决问题的。

乡村精英是有一定社会地位、文化知识和经济实力,在乡村社区公共事务中起到积极的作用的一个群体。在中国传统社会,乡村精英曾在推动乡村经济发展、乡村文化建设、乡村社会稳定等方面起到积极的作用。

唐宋以来,随着商品经济的发展并向广大农村渗透,一个新的社会阶层——富民阶层在乡村社会崛起。在科举制度这一社会流动通道的支持下,富民通过培养弟子科举取士,获得了一定的社会地位,并逐渐演化成士绅。这些乡居的士绅因掌握文化知识、拥有社会地位,以及在经济上和社会资源上有优势,成为乡村社区的话语者。他们作为乡村公共事务的主持者和调解者,维持社区和谐稳定;他们兴办书院、私塾,发展乡村教育,积极在乡村社区推广儒家文化;

他们创办义庄、社仓，出资创办乡村社区福利事业；他们在乡村发展租佃经济，为乡村经济注入商品经济的要素；他们积极与基层政府合作，帮助政府在乡村收税和各种摊派，同时也出任乡村事务的代言人，成为乡村社区与地方基层政府沟通的桥梁。

中国传统社会"官治不下县"，正是由于乡村精英对乡村社会的发展与稳定的积极贡献，广大乡村社会才可能长期处于"不治而治"的稳定状态，中国传统农业文明也才能不断创造一个又一个的辉煌。因此，在中国传统社会，历代政权都高度重视这个阶层。明代朱元璋曾说，用这个阶层来治理乡村是"以良民治良民"，能够收到理想的效果。

二、现代化转轨问题：乡村精英逐步流失及其所产生的社会问题

现代化启动以来，中国农村曾一度陷入"现代化断裂"的陷阱之中。工业化和城市化快速发展，把农村远远抛开，使农村成为"传统"、"落后"、"不发展"的代名词。昔日的乡村精英受到城市体系的优越生活环境的吸引，抛弃了宁静的乡村生活，迁居城市；新成长起来的乡村精英接受现代教育后，不再回到乡村而是为现代工业服务，成为城市精英体系的一员；改革开放以来，农村富余劳动力大量流向城市务工，又使农村的初、中级知识分子和青年骨干力量纷纷流

出农村,成为城市建设者。现阶段的农村,知识缺乏、人才匮乏问题十分严重,乡村精英的缺失使乡村社会发展缺乏"火车头"或"推进器"。

——掌握科学技术的农民和适应市场竞争的农民缺乏,很大程度上制约了农业经济的结构调整,传统农业向现代农业转型十分困难;

——农村管理人才的缺乏,乡村工业和服务业发展举步维艰。曾一度热闹的乡村工业,在激烈的市场竞争中多数偃旗息鼓就是其体现;

——农村文化人的缺失,农村社区群众性文化活动难以开展,村社凝聚力弱化;

——农民文化素质低下,吸收知识能力有限,科技下乡见效不大,政府花大力气建设的农家书屋成为摆设;

——乡村精英的缺失,导致不少农村社区难以选举出能力强的村民委员会成员,农村基层组织弱化;

——在一些边疆少数民族农村地区,文化持有者往往是基督教、伊斯兰教等宗教骨干,他们通过乡村的宗教活动,事实上掌握了乡村社会话语权,成为乡村社会事务的积极组织者,一定程度上削弱了地方基层政权的控制力。

三、精英流动的单向性:城乡差距和制度障碍 限制了城市精英向乡村社会流动

城乡差距是中国现代化进程中必须解决的重大问题。城乡差距的产生归根结底是制度问题,现阶段的制度鼓励和推动了农村精英和劳动者向城市"单向流动",却限制了城市精英和城市居民流向农村。

过去,城乡隔离的户籍制度人为地限制了城乡之间的人口流动。改革开放后,户籍制度的松动使农民进城容易了,城乡巨大收入差距和经济福利差距强烈地吸引着农村精英和农村劳动者从乡村向城市"单向流动"。众多农民工满怀赚钱的期望,浩浩荡荡走向城市,留守农村的只有老人和孩子;很多农民弟子通过读书就业、参军等方式离开农村,不再回归乡村;已经变成"城里人"的"农民",即便退了休也不愿意回村乡居,他们与农村的空间隔离和心理隔离越来越遥远。如此等等,导致农村精英阶层流失。

中国快速推进的市场化进程加快了经济要素的空间流动,也使一部分城市精英重新认识到农村的价值,如便宜的地租、房租,低廉的劳动力价格,宁静的生活等等,一些企业家主动把资金投向农村,发展现代农业;一些艺术家开始定居乡村,在田园生活中寻找创作灵感;一些财富

持有者想在乡村拥有自己的别墅，享受乡村清新的空气。然而，到农村的创业者虽然在乡村发展了他们的事业，也使当地农民在产业链中受益，但除了经济利益的密切关系外，他们与农民与农村社区并没有更多的联系，完全是乡村的"局外人"。而那些因自己的理想和兴趣偏好而希望根植于农村或回归乡间者，则因无法合法取得农村房屋产权而难以实现其梦想。典型的例子就是北京通县宋庄画家村众多画家与村民的房屋产权官司败诉案。北京通县宋庄因有众多自由职业者、画家进驻从事艺术创作，由此引发相关产业如旅游、服务、房地产及其租赁等，给宋庄带来了崭新面貌，形成房地产业、休闲旅游产业互相融合的产业格局。当地农民不仅可以通过租赁房产获得较高的租金收入，而且还可以通过参与开发文化创意产业和旅游业而大获收益，2006年宋庄小堡村村民人均纯收入达13700元。众多画家长期在村庄进行创作和生活，为农村社区带去了浓郁的文化气息，促进了农村社区文化建设，促进了村民精神文化发展。2007年，出现了宋庄农民告画家购买其农房违法案，要求收回房产或支付高额转让费。39名画家败诉，被法院要求限期搬离所购农房。随着宋庄画家村小产权房案的败诉，不少画家在此永久安居置业的计划被搁浅，他们逐渐离开这个中国先锋艺术的摇篮，而宋庄也因此日渐呈现衰落之趋势。宋庄画家村的例子是值得总结和反省的。

城市人不能以合法定居者的身份融入农村社区,这与农村打工者不能合法地成为城市居民具有同样的社会负面效应,它堵塞了城市精英、个人资本、知识与信息主动流向农村流动的通道,也使农村失去了与城市体系相互交融、城乡协调发展的良好机会。

四、中国农村未来的希望:大力培植
乡村精英,推动乡村社会发展

中国的农村问题不是基础设施建设等物质条件落后问题,因为这很容易通过国家加大投入来改善,近年来新农村建设的成就也很好地说明了这一点。新农村建设的难点在于,如何在农村形成一种自我发展和不断创新的力量,这是发展现代化农业的关键所在,也是发展农村新文化、建设农村精神文明的基础所在。

知识是创新的源泉,乡村精英是知识的持有者和创新活动的推动者。历史的启示告诉我们:乡村精英是推动乡村发展的根本力量。在新的历史时期,乡村精英同样肩负着振兴农村的重大历史使命。

我们以为,社会主义新农村建设的下一阶段,应特别重视乡村社会中知识落后、人才缺乏这一问题,如果这个问题不解决,即便是在农村建设了很好的公路,农民住上了很舒适的别墅洋房,他们自我发展的能力与动力仍然不能有效启动,他们的生活状态与精神状态仍然难以发生质的改变,农村与城市之间的差距仍然难以缩短,中国的二元问题最终还是不能很好解决。

让精英回到乡村,流向乡村,在乡村培育新农民,发展新精英,是当今中国农村发展最为紧迫的问题。如何培植乡村精英群体,除上文讲到的问题之外,兹再作如下申论:

第一,要进一步加强"人才下乡"工程。目前实施的由上级部门下派干部到农村的"新农村指导员"、鼓励大学生下乡的"一村一个大学生"、教育部门和卫生部门的"支教"和"支医"等项目,都是政府为促进城市体系的管理人才和专业人才到农村工作的举措。这些举措取得了一定的成效,但也存在一些问题,如"新农村指导员"因其工作目标不够明确、一些部门所派人员对农村工作不熟悉,难以真正发挥"指导"作用;又如,大学生村官在身份上不明确(既非村官又非村民)、薪水待遇等方面缺乏吸引力,大学生走下去的少,能留得住的更少;再如,大医院的骨干医生到乡村医院,因缺乏必要的手术设备和高素质的助手而无法开展一些手术,等等。需要政府更加完善相关的"人才下乡"政策支持体系和具体运作方式,使更多的人才流向农村,能够发挥其才能,为乡村社发展贡献自己的知识与才华。

第二,要下大力气培育新农民,在农村本土发展新的社

会精英群体。中国有 6 亿多农民，若他们的能动性、主动性、创造性全面发挥出来，那将是一股巨大的社会发展推动动力。这需要从提高劳动者素质和农民社会地位两方面入手。首先是要加强农村义务教育，保证所有适龄儿童能够接受义务教育；其次是要加强农村职业教育培养，让农民有接受继续教育和终身学习的机会；第三是要对在农村从事种养殖业、农产品加工业和流通业等方面有专长的人员以及热心于乡村文化事业发展的人员给予事业上的支持和精神上的鼓励；第四是要经常性地举办以农村劳动者为主体的各种劳动技能竞赛，让农民也能感受到其工作的社会贡献和社会价值；第五是各级部门要经常性地组织各种以农民为对象的评优活动，主流媒体也应把宣传优秀农民作为长期性的任务。只有全社会为农民的知识发展、创业活动提供各种必要的支持与帮助，使他们能从各种社会评价中感受到务农的职业成就和社会地位，才能使越来越多的农村劳动者发展成为乡村社会的精英。

　　第三，需要创造一个精英"双向流动"机制，并建立相关的保障制度。社会进步需要流动。要建立一种城乡人口"双向流动"的机制，既要鼓励农民流向城市，让他们获得新的发展空间；也要鼓励城市人流向农村，让他们在乡村成就事业，鼓励他们安居于乡村社区。实现"双向流动"的关键在于农村土地产权的明晰化。必须进一步推进农村土地产权改革的步伐，明晰土地产权问题，让农民自由地支配属于自己的土地产权，包括耕地权、林权、房宅土地权等。只有土地能够实现流动，农民才能真正地流出农村，成为城里人，城市人也才能真正地流到农村，为农村的发展作贡献。

历史上的乡村借贷及其评价

一

借贷是商品经济发展到一定阶段的产物,是私有制和贫富分化出现之后产生的经济现象。在中国历史上,一直存在着由政府实施的官方赈贷,但也普遍存在着私人之间的乡村借贷。从历史的发展来看,乡村借贷在大多数时期对于乡村的金融调剂发挥了重要作用,在乡村金融中占有更为重要的地位。

中国古代的乡村借贷早在上古三代就已出现。随着原始社会的解体和私有制的产生,从原始的互助行为中产生了借贷。殷商时期,由于社会的贫富分化,已经具备了产生借贷的条件,"在贫富之间,有着借贷事业的存在"。[1] 西周则设有"小宰"一职,"听称责以傅别",负责审理民间的借贷纠纷。[2] 上古三代的乡村借贷情况总体上缺乏明确和可信的记载,而且由于国家在乡村金融活动中占据绝对的主导,乡村借贷发展的规模不会很大。

　　春秋战国至西汉时期是我国古代社会生产力和商品经济大发展的时期,同时也是乡村借贷获得较大发展的时期。随着社会生产力的大发展,特别是铁制工具和牛耕的出现,小农家庭迅速从农村公社下解放出来。摆脱村社束缚的大批小农,不仅成了独立的社会基本的生活单位,而且还成了基本的生产单位和经济单位。这样的小农家庭,生产和生活规模小而分散,难以抵抗天灾人祸的影响,具有分散性和脆弱性的特点。小农经济的这一特点,决定了农民家庭在大多数时期需要依靠从外部借贷实物或货币来维持家庭生产、生活的顺利运转。在此基础上,民间借贷得以在乡村中发展起来。孟子言,农民在荒年要通过借贷才能缴纳赋税:

　　　　将终岁勤动,不得以养其父母,又称贷而益之,使老稚转乎沟壑。[3]

《管子·轻重丁》记载:

　　　　(齐国)凡称贷之家,出泉叁千万,出粟叁数千万钟,受子息民叁万家。

以至于《管子》中将"邑之贫人债而食者几何家"、"贫士之受责于大夫者几何人"、"问人之贷粟米有别券者几何家"列为治国者需要调查了解的重要问题。《管子》的记载反映了战国至西汉时期乡村借贷盛行的情况。西汉文帝时,晁错说农民为了交纳赋敛,"有者半贾而卖,亡者取倍称之息"。[4]《盐铁论》也记载"农夫悉其所得,或假贷而益之,是以百姓疾耕力作而饥寒遂及己也"。[5]可见,当时农民的负债情况十分突出。

与此同时,由于商品经济的发展导致市场不断拓展,交换空前扩大,金属货币广为流行,商人和商业资本迅速发展,社会上出现了很多富商巨贾以及专门从事放贷的"子钱家"。例如,鲁地的大冶铁商曹邴氏,"赀贷行贾遍郡国"。[6]《史记·货殖列传》载:"子贷金钱千贯",可比"千乘之家"。这说的就是曹邴氏这样活跃在城乡放贷的商人。此外,乡村地主也握有大量的资本,同样是乡村中的放贷者。如《后汉书》卷32《樊宏传》记载的南阳人樊重,"赀至巨万,而赈赡宗族,恩加乡闾。……其素所假贷人间数百万,遗令焚削文契。责家闻者皆惭,争往偿之,诸子从敕,竟不肯受"。

由于春秋战国时期商品经济的发展十分有限,乡村借贷生存和发展的基础仍很薄弱。西汉以后,随着商品经济的衰落,乡村借贷的地位被官方借贷所取代。但是,从史料记载来看,西汉以后,民间借贷在乡村仍继续存在和发展。东汉初年,"富商大贾,多放钱货,中家子弟,为之保役,趋走与臣仆等勤,收税与封君比入"。[7]魏晋南北朝时期,地主、贵族、官僚常常对农民放贷,兹举数例。如《北史》记载

的李士谦,性宽厚:

> 出粟万石以贷乡人,属年谷不登,责家无以偿皆来
> 致谢。士谦曰:"吾家余粟本图赈赡,岂求利哉。"于是
> 悉召责家,为设酒食,对之燔契曰:"责了矣,幸勿为念
> 也。"各令罢去。[8]

再如顾恺之之子顾绰,"私财甚丰,乡里士庶多负其责"。[9]
还有《北齐书》记载的李元忠:

> 家素富实,其家人在乡多有举贷取利。元忠每焚
> 契免责,乡人甚敬重之。[10]

卢叔武:

> 叔武在乡时,有粟千石。每至春夏,乡人无食者,
> 令自载取,至秋,任其偿,都不计校,然而岁岁常得
> 倍余。[11]

唐代中叶以来,商品经济走出西汉中叶以来形成的低
谷并迅速繁荣起来,形成了商品经济发展的第二大高峰。
商品经济的发展,不论就广度而言,还是就深度来说,都远
远超过春秋战国和秦汉两代。同时,由于均田制的瓦解,个

体小农纷纷从国家控制下解放出来,小农家庭成了具有经
营自由的经济单位。在商品经济发展的影响下,小农生产
日益显现出自给性生产和商品性生产相结合的模式,乡村
经济市场化进程加快,小农对生产生活资金的需求有了进
一步的增长。在这样的背景下,唐宋乡村的信用关系和借
贷关系都出现了大的发展,唐宋社会进入了一个"信用时
代",乡村民间借贷十分发达。

　　唐代的乡村借贷多称出举、举放、举债、放债、放息钱或
责息钱。[12]唐玄宗时制曰:"贫下之人,农桑之际,多阙粮种,
咸求倍息。"[13]德宗时,陆贽也指出,农民"人小乏则取息利,
人大乏则卖鬻田庐,敛获始毕,执契行贷"。[14]可见普通农民
与乡村借贷的关系已十分密切。20 世纪初,吐鲁番、敦煌出
土了大批反映唐、五代和宋初民间借贷的文书,这些文书记
载的借贷人主要是农民,出贷者主要是寺院、僧侣以及"社会
地位不高但很富有的平民"等,[15]这反映出当时这两处地区乡
村借贷的活跃。两宋时期,乡村借贷更为发展。洪迈记载:

　　　　今人出本钱以规利入,俗语谓之放债,又名
　　生放。[16]

宋代的乡村借贷已经十分普遍。王安石就说:

　　　　今一州一县,便须有兼并之家,一岁坐收息至数万

贯者。[17]

漆侠先生就提到宋代"凡有人烟处,也就有高利贷的活动"。[18]

元代,蒙元入主中原,民间借贷依旧盛行于广大乡村。至元二十九年(1292 年)十月,中书省御史台呈:

> 比年以来,水旱相仍,五谷薄收,阙食之家,必于豪富举借粮粮。[19]

大德五年(1301 年)十月,成宗谕:

> 权豪势要之家,佃户贷粮者,听于来岁秋成还之。[20]

此外,在元杂剧中还有不少反映当时乡村借贷的内容。元代乡村借贷的利率较高,农民所受盘剥也较甚,如著名的羊羔利:

> 富民贷钱民间,至本息相当,责入其本又以其息为券,岁月责偿,号羊羔利。[21]

明清时期,商品经济在唐宋的基础上继续向前发展,白银成为主币、商品流通量的增加、商帮的崛起、钱庄票号的兴盛等等,这些均表明商品经济的发展达到了一个比唐宋还要高的高度。在这一时期,农民的生产性、经营性借贷增多,借贷活动在乡村更为普遍。同时,乡村借贷的资本积聚和贷放规模都远胜于前代。明代隆庆年间,大学士高拱言:

> 江南之民,其财易耗,耕蚕之本,匪借不给;公私之用,匪借不周;故或资以赡口,或资以足钱粮,是借贷之相济亦久矣。[22]

万历时,苏州乡绅赵用贤也说:

> 小民一岁之中,假贷于业户者,常三、四次。[23]

清代前期,乡村中普遍流行以物质谷的借贷方式,乡村富户"仿典钱之例,听民以物质谷",[24]农民"以衣物向富民质谷,秋熟还之","乾嘉间比户皆然"。[25]明清时期,乡村典当日益繁荣,"凡乡里小有之家,有闲舍二区,识字一人,则于其家开设小当"。[26]从明代至清代前期,农村典当有了相当数量的增加。普通农民"耕作之际,家中所有,靡不在质库之中"。[27]

民国时期,乡村借贷在乡村经济生活中仍占有非常重要的地位。民国时期,农村赋税苛重,农村经济凋敝,乡村借贷成为农民生产生活资本的主要来源,农民负债率很高。据20世纪30年代国民政府实业部中央农业实验所对22省部分地区农村借贷的调查,当时全国半数以上的农家都负有债务,借现金的农家占农家总数的56%,借粮食的农家占农家总数的48%,一般农家的债主最主要的是富农、地主和商人,这三类群体占农民借款来源的比例分别为18.4%、24.3%和25.0%,共计为69.7%。[28]20世纪20年代以来,由于城乡贸易关系的不平衡以及大量地主、富农、商人因匪患冲击和现代生活的诱引纷纷携资流入城市,农村金融出现了严重枯竭的局面。乡村借贷资金的匮乏与供应不足,致使借贷利率居高不下,助长了乡村借贷中的高利贷行为,加剧了乡村的社会矛盾和阶级矛盾。中国共产党在农村领导了土地革命,并最终取得了新民主主义革命的胜利,实现了耕者有其田,消灭了剥削和贫富分化,乡村借贷进入了停滞期。

综上所述,历史上的乡村借贷兴起于先秦,唐宋以后日渐发达。乡村借贷在历史上的存在,始终根源于小农经济的分散性和脆弱性,而其在历史上的发展又与商品经济以及均田制瓦解后小农经济的市场化进程有密切的联系。在历史的发展中,乡村借贷始终与国家开办的官方借贷共存,一直延续到近代。

二

概括而言，历史上的乡村借贷主要有三个特点。

第一，乡村借贷是一种极为普遍的经济活动，但借贷本身的情况却又十分复杂，具有普遍性和多元性的特点。

乡村借贷的普遍性，首先反映在上古三代以来，乡村借贷普遍存在于不同的社会发展阶段和历史时期，未曾因为社会形态的变迁和王朝的更迭而有所改变，具有历史的普遍性。尽管不同时期，乡村借贷的发展水平有高有低，乡村借贷相较于官方借贷的地位有强有弱，但就普遍性来讲，历朝历代都有乡村借贷的存在。另外，乡村借贷不仅具有时间上的普遍性，是一种普遍的历史现象，而且在不同的时期，乡村借贷还具有地域上的普遍性。由于小农经济的分散性和脆弱性，农民一旦遇到"缺食"、"乏用"之际，就会产生借贷需求。而且，这种借贷需求往往带有频繁性和多样性的特点。因此，在传统的乡村社会中，每村都有借贷活动的发生，每户都有参与借贷的可能。这在商品经济高度发展的时期尤为明显，这在前文已经有所论及，兹不赘论。

另一方面，传统社会乡村中存在着多种性质的借贷关系，借贷的情况十分复杂。从借贷类型来看，既有生活性借贷，又有生产性借贷；既有货币借贷，又有实物借贷；既有信用借贷，又有抵押借贷。不同的借贷类型反映出分散小农的多样化的借贷需求。其次,从利息的高低来看,既有无息的互助性借贷,又有低息微利的普通性借贷,还有被称作"倍称之息"的高利贷。[29]历史上乡村借贷利息的高低主要与借贷双方的社会关系、贷放供求关系的宽紧以及借债者的偿还能力和需求程度有关,如无利的互助性借贷一般发生在亲友之间,高利贷则一般在灾荒之年较为突出,但是在大多数情况下,仅仅收取"常利"的微利性借贷是乡村借贷关系中最为普遍的形式。

乡村借贷是以小农经济的广泛存在为前提的。正是由于小农经济的脆弱性和分散性,使得乡村借贷在历史上具有相当的普遍性,同时也使得乡村借贷因适应于小农不同的需要而呈现出多元性和复杂性。因此,乡村借贷正是适应于小农经济特点的一种金融调剂方式。苏辙在谈到北宋的官贷青苗法与乡村借贷之不同时称:

> 公家之贷其实与私贷不同,私家虽取利或多,然人情相通别无条法,今岁不足而取偿于来岁,米粟不给而继之以刍薪,虽鸡豚狗彘皆可以还债也,无岁月之期,无给纳之费,出入闾里,不废农作。欲取即取,愿还即还,非如公家动有违碍,故虽或取息过倍而民恬不知。今官贷青苗,责以见钱,催随二税,邻里相保,结状请钱,一家不至,九家坐待,奔赴市城,糜费百端,一有逋窜,均及同保,贫富相递,要以皆毙而后已,朝廷虽多设

法度以救其失,而其实无益也。[30]

可见,乡村借贷更为方便快捷,没有固定的借期和偿还方式,更加符合普通农民的需要。明清时期,民间借贷的便利性在乡村中开办的"短押小铺"中也得以充分表现。清人记载说:

> 凡乡里小有之家,有闲舍二区,识字一人,则于其家开设小当,资本二三四五百不等,未有及千钱者。[31]

这种"小当"虽然资本不大,却十分便民。林铭云记载:

> 徽民有资产者,多商于外。其在籍之人,强半贫无卓锥,往往有揭其敝衣残襦,暂质升合之米,以为晨炊计者,最为可怜。然巨典高门,锱铢弗屑,于是有短押小铺,专收此等穷人微物,或以银押或以酒米押,随质随赎。[32]

明清时期这种短押小铺在乡村广泛存在,到清代道光年间,即使四川这样农村典当不甚发展的地区也是"一乡一邑中,无不有质库"。[33]由此可见,乡村借贷适应了小农经济的特点,而这又为乡村借贷的普遍发展提供了基础。

第二,乡村富户是乡村放贷的主体。

　　历史上乡村放贷的主体多样，除了普通地主之外，商人、官僚贵族和寺院均以乡村放贷者的身份在历史上出现过。但是，综观整个乡村借贷的历史可以看出，在大多数时期，乡村富户都是乡村放贷的主体。尤其是唐宋时期，伴随着商品经济的发展，社会上形成了一个富民阶层。富民阶层对乡村社会经济关系产生影响的一个重要方面，就表现为富民对乡村借贷的广泛参与。从唐宋一直到明清，富民参与乡村借贷的记载大量出现。宋人韩琦说，"今兼并之家例开质库置课场"。这里所说"兼并之家"，是指"乡村上三等及城郭有物业之户"，[34]即"富民"阶层。明代思想家丘浚称："富室之居乡落也，平时贫民资其储蓄，而赖以举贷。"[35]王元简也说："邑有富民，小户依以衣食者必伙，时值水旱，劝借赈贷，须此辈以济缓急。"[36]到清代，史料也记载："富人之于农也，善行假贷之法，无本者予陈，无种者予新。"[37]近代以来，乡村富民毫无疑问仍是乡村放贷的主体。由此可见，中唐以后，富民阶层在乡村民间借贷关系中占据了主导地位，是乡村借贷关系的核心。

　　富民是乡村放贷的主体和乡村借贷关系的核心，概括起来，这主要有以下几方面的原因：首先，富民阶层具有财力，是财富力量在乡村的代表。这说明只有拥有巨大财力的富民，才有实力进行放贷，成为乡村放贷的主体。同时，如清人记载说：

> 富人之于农也，善行假贷之法，无本者予陈，无种
> 者予新，敛则收其息而复贷之，一岁利倍，再岁利倍蓰，
> 积十余岁，而广田宅，富子孙矣。[39]

在频繁的社会流动中继续保有财富，进而实现财富的增殖，以维持家业不败是富民阶层成为乡村放贷主体的一个重要因素。其次，富民之所以成为乡村放贷主体还在于富民身处乡村，向富民借贷的方便性与小农频繁的借贷需求恰相适应。北宋时期，苏辙说："惟州县之间，随其大小，皆有富民。"[40]明清时期，富民阶层的分布更为广泛。到清代前期，不但有人记载"前明富家甚多"，[41]更有人感叹"本朝富民之多"："本朝轻薄徭税，休养生息百有余年，故海内殷富，素封之家，比户相望，实有胜于前代"。[42]由于富民广泛分布于广大乡村，因此能够及时、便利地提供各种借贷以满足小农频繁的借贷需求，这显然更加适应乡村的实际和农民需要。另外，需要指出的是，富民能成为放贷的主体，根本上说，是因为富民是乡村社会的主导性力量。富民阶层在乡村放贷和进行灾荒救济，正是这种主导性发挥作用的结果。同时，富民在乡村中的放贷行为，又使富民赢得了很高的社会地位和声誉，进一步巩固和提高了富民在乡村中的地位。唐宋以来民间借贷在乡村的兴盛，与富民阶层的兴起和成长壮大有重要关系。

第三，乡村借贷与乡村经济关系和土地占有关系的变

化发展始终紧密地联系在一起。

首先,乡村借贷始终与传统社会中的契约租佃关系相联系。契约租佃制度是劳动力与土地相结合的一种制度安排,而乡村借贷就是维系劳动力与土地相结合的一种经济关系。

宋代,伴随着租佃契约制的确立和借贷关系的发展,乡村借贷对契约租佃制的维系发挥了重要作用。这种作用就是时人常说的"贫富相资"。袁采说:

> 假贷钱谷,责令还息,正是贫富相资不可阙者。[43]

朱熹在《劝农文》中也说:

> 乡村小民,其间多是无田之家,须就田主讨田耕作。每至耕种耘田时节,又就田主先借谷米,及至终冬成熟,方始一并填还。佃户既赖田主给佃生借以养活家口,田主亦藉佃客耕田纳租以供赡家计,二者相须,方能存立。今仰人户递相告戒,佃户不可侵犯田主,田主不可挠虐佃户。如当耕牛车水之时,仰田主依常年例应副谷米,秋冬收成之后,仰佃户各备所借本息填还。[44]

正因为如此,《续资治通鉴长编》载:

> 民庶之家,置庄田招佃客,本望租课,非行仁义。
> 然犹至水旱之岁,必须放免欠负、借贷种粮者,其诚心
> 恐客散而田荒,后日之失必倍于今故也。[45]

这说明契约租佃制是当时最有效的制度安排。随着宋代竞争性的租佃市场的形成,乡村借贷在维系这一制度安排上发挥了更为突出的作用。于是,宋代一些地区的富民常常以借贷种粮、牛具的条件招徕佃户,如北宋元祐元年(1086年)四月,王岩叟在上奏中指出:

> 富民召客为佃户,每岁未收获间,借贷赒给,无所不至,一失抚存,明年必去而之他。[46]

南宋薛季宣记载:

> 安丰之境主户常苦无客,今岁流移至者,争欲得之,借贷种粮与夫室庐牛具之属,其动费百千计,例不取息。[47]

这反映出在竞争性的租佃市场中,一旦借贷关系有所缺失,租佃关系也就难以建立。

唐宋以后,借贷关系仍旧在维持契约租佃制上发挥着积极的作用,最具代表性的是明人姚汝循的一段论述。

他说：

> 况富室不能自种，必业与贫民，贫民虽弃产，而实
> 与富室共其利。收一石，则人分五斗。收十石，则人分
> 五石。又牛力、种子出于富室，而钱粮又办于富室，时
> 有水旱则又假而贷之，贫民唯出力耕耘，坐享其
> 成焉。[48]

这里不难看出，借贷关系不仅对租佃关系的维系发挥了重要的作用，而且成了契约租佃制下主佃关系的重要内容。明清时期，江南地区普遍存在地主贷给佃户"工本米"和"性命米"的情况，"平时借作工本米，凶年借作性命米，工本米至冬月补偿，性命米至丰月补偿"。陈继儒认为这是田主对佃户"既报其平日胼手胝足之势，又救其目前逃亡饿殍之苦"的表现，将此视为"安插佃户第一议"。[49]这说明租佃制下的借贷关系已经进一步制度化。

其次，乡村借贷始终与乡村土地占有关系相联系，是推动土地流转的重要方式。唐宋以来，随着土地私有产权制度的确立和商品经济的发展，土地流转日益频繁。宋人袁采说："贫富无定势，田宅无定主，有钱则买，无钱则卖。"[50]到清代，钱咏更指出："俗语云：百年田地转三家。言百年之内，兴废无常，有转售其田至于三家也。今则不然，农民日惰而田日荒，十年之间已易数主。"[51]在日益普遍的土地

流转过程中,土地流转形式呈现多样化。宋代文献中大量出现典卖、典、典质、典当、倚当、抵当、质、质举、质贸、抵典等新名词,这些都是与借贷关系有关的土地流转方式。到清代,随着土地产权的分割和明晰化,农村土地交易形式进一步多样化,土地产权交易中借贷性的土地产权交易或债权型地权交易十分活跃。[52]民国时期的调查也显示,在部分地区"高利贷者兼并土地,成为地权集中过程中的有力杠杆"。[53]这些都说明,从唐宋以迄明清、民国,乡村借贷与农村土地占有有着密切的联系。

　　乡村借贷之所以与土地占有关系密切,从表面上看主要是由于乡村土地抵押的盛行。传统乡村的借贷关系中,既存在着不需任何抵押物品的信用借贷,也存在着抵押借贷,而且后者更为普遍。普通农民除了土地之外,没有更多可供抵押的物品,因此在传统社会中土地抵押非常盛行。不过,更进一步来看,农民之所以选择将地权及其收益作为一种资金融通方式,主要在于唐宋以来土地产权中的使用权、收益权和所有权的分割。土地产权的明晰化促成了地权交易形式的多样化,因此农民可以根据需要对不同层次的土地产权进行转让。正如龙登高指出的那样,由于土地承载的交易功能多样化,"多样化的交易安排为农户利用地权进行融通提供了便利手段"。

　　对于借贷关系所引发的土地流转,以往多简单地认为它是一种土地的兼并,导致了土地的集中。其实,这并不符合历史事实。在历史上尽管存在着高利贷兼并土地的情况，但是，在更多的情况下，"押"、"当"、"典"、"抵"等借贷性的土地交易并未导致土地所有权发生转移，债务人只是以土地的使用权与收益权来获得资金的融通（如"押"、"当"、"典"）或者抵消旧欠（如"抵"）。除非农户不得已将土地"活卖"或"绝卖"，否则无须土地所有权的转移即可实现其资金融通需求。当然，在现实中经常出现土地由当而卖，由典而卖，或者因押不能赎回的情况。陈翰笙于 20 世纪 30 年代初在广东进行的调查显示：

> 广东农民的失地，百分之七八十都是先典后卖的。做抵押的田地，到本利过期不还清时，照例就被债主没收。典出的田地过期不赎，也要断卖给债主[54]。

但是，这种直接的土地所有权交易已与借贷性的土地交易有了明显的区别。另一方面，无论是借贷性土地交易中土地的使用权与收益权的转移，还是因借贷性土地交易最终导致的所有权转移，其实并未导致严重的土地集中和兼并，相反，从宋代一直到清代，在土地集中的同时，因土地买卖和分家析产等因素的影响，还始终存在着土地分散的趋势。最为重要的是，这种地权的流转不仅解决了农户经济和生活上的困厄，延续农民的家庭经济与再生产，而且从优化土地资源配置的角度来看，土地向部分有投资能力的人集中，不仅可对土地进行投资,而且能够实行规模经营,在一定程度上是有利于生产的发展的。

总之,乡村的经济关系和土地占有关系是乡村秩序的重要构成基础,由于乡村借贷常常引起乡村内部这两大重要关系的变化和发展,进而影响到乡村秩序的稳定,因此,我们要重视分析和研究乡村借贷引起的乡村经济关系和阶级关系的变化和发展,而不仅仅是关注借贷本身。只有这样,才能正确处理好乡村借贷问题。

三

乡村借贷活动促进了乡村的资本融通和乡村社会关系的发展,对乡村社会经济产生了积极的作用。具体来说,乡村借贷对乡村社会经济的积极影响主要表现在以下几个方面:

第一,生活性放贷保证了小农基本生活的延续和社会生活的开展。生活性借贷主要用于农民日常的基本生活和社会生活,如农民为了日常的生活度日和克服"春荒"等季节性匮乏而进行的借贷,以及为了完成婚丧庆吊等社会生活事务而进行的借贷。

每逢春荒或青黄不接以及灾荒之时,农民都需要通过借贷来维持生活。北宋魏泰说:"百姓当青黄不接之时,势多窘迫,贷钱于兼并之家,必有倍蓰之息。"[55]南宋人朱熹在

《建宁府崇安县五夫社仓记》亦云："山谷细民无盖藏之积，新陈未接，虽乐岁，不免出倍称之息贷食豪右。"[56]元代，"江南佃民多无己产，皆于富家佃种田土，分收籽粒，以充岁计。若直青黄未接之时，或遇水旱灾伤之际，多于田主之家借债贷粮。接缺食用，候至收成，验数归还"。[57]明代，福建农村"每岁未及春杪，各村农佃早已无耕本，无日食，不得不向放生谷之人，借生作活"。[58]清代，湖南农民"青黄不接时，有将衣物质谷者，春借秋还"。[59]直隶农民"春无食，贷粟于主，所贷准春值为母，及收，以秋值取其粟"。一旦遇上灾荒之年，小农家庭为了避免破产并维持一定的再生产能力，也需要向富民借贷。如南宋淳熙年间，临安"岁饥，畿内小民或以农器蚕具抵粟于大家，苟纾目前"。[60]元代至元年间，"比年以来，五谷薄收，阙食之家必于豪富举借糇粮"。[61]清代也是如此。江西"山乡富户以所积聚谷石，典质取息。春放秋敛，贫民赖之以济荒歉"。[62]

　　另一种情况是，农民为了完成婚丧嫁娶、祭祀礼佛等乡村社会活动也需要进行借贷。宋代以来，农村的婚丧祭祀活动常流于奢侈，"富者以豪侈相高，贫者耻其不逮，往往贸易举贷以办"，[63]部分小农"敝衣菲食之不给，而闻施于佛则往往假贷以自效"。[64]明清时期这类借贷活动仍普遍存在，万历《通州志》记载说，农夫之家"终岁所得，仅了官通私债，皆不能一粒入口。乃衣食婚嫁、丧葬之需，未能猝办也，乃踆踆然，叩富人之门而称贷之，以俟来年取足焉"。[65]

在传统社会，由于小农经济抵御自然灾害和经济动荡的脆弱性以及大多数时期沉重的赋税负担，农民的生活性借贷在乡村借贷中始终占据了很大的比重。从唐宋到明清，虽然农村的生产性借贷始终在不断增多，但这种为衣食所迫的生活性借贷仍旧大量存在。到民国时期，生活性借贷更成为农村负债的主要构成，农民"只可能有'饥寒交迫'的消费借入，而不可能有'闲暇'的生产的借入"。[66]不过，至为清楚的是，乡村借贷中的生活性放贷，有效地保证了小农生产的维持以及乡村土地与劳动者的结合，对于乡村经济社会环境的稳定一定程度上起到了积极的作用。

第二，生产性放贷保障了小农再生产的顺利进行。唐宋以来，伴随着乡村农业生产和商品生产的发展，农民的生产规模日益扩大。在此基础上，农民家庭用于再生产的生产性借贷逐渐增多，并成为乡村借贷的另一种主要形式。

生产性借贷主要用于支付耕牛、种子、农具和化肥等生产费用。北宋元祐年间，苏轼说浙西一带"春夏之际，雨水调匀，浙人喜于岁丰，家家典卖、举债出息以事田作"。[67]南宋真德秀也指出："下等农民之家，赁耕牛，买谷种，一切出于举债"，[68]贫民下户"当农事方兴之际称贷富民，出息数倍以为耕种之资"，"一有艰歉，富民不肯出贷则其束手无策，坐视田畴之荒芜，有流移转徙而已"。[69]明代，洞庭富室席氏"雅好为得于乡里，近山之贫者……以至耕时则假以田器，种时则假以谷种，器用敝而归之"。[70]到清代，湖南农民"春夏耕耨无资,则贷于有钱之家",[71]江南农民更是"自春徂秋,买牛赎种,办瓮工作,曰借,曰赊,曰质当"。[72]

唐宋以来,在农村生产性借贷中最引人注目的就是用于商品性生产的借贷日渐寻常,这是随着乡村商品经济的发展乡村借贷关系日益凸显的一大亮点和新的趋势。值得注意的是,乡村商品性生产的借贷不仅吸引了商人资本的介入,而且在借贷上也多采取预贷本钱的方式。《夷坚志》记载南宋"抚州民陈泰,以贩布起家。每岁辄出捐本钱,贷崇仁、乐安、金溪诸债(绩)户,达于吉之属邑,各有驵主其事。至六月自往敛索,率暮秋乃归,如是久矣"。[73]明清以来,这种情况在乡村的商品性生产中更为普遍。如清代广西,商人"每年正月把蓝(靛)籽、石灰、伙食预贷给种蓝人",到期收蓝。[74]四川叙州,"种蔗者皆以春初贷钱霜户","始春得钱十胜千,半果饥腹半入田"。[75]这种借贷方式,虽然压低了农产品的收购价,对农民构成了一种剥削,但是却有效地保障了农村商品性生产的顺利进行。

总之,生产性借贷已经成为乡村再生产和乡村经济发展的重要经济保障。特别是唐宋以后,在小农生产越来越面向市场的情况下,这种借贷不仅在小农生产的维系上发挥了积极作用,也为小农的商品生产提供了生产资本,推动了农村经济的市场化和乡村经济的发展。

当然,乡村借贷在实际运行过程中也存在着一些消极的影响,尤其是高利贷的盘剥,使农民生活日益贫困化,最

终破产逃亡,严重地破坏了农业生产的进行和乡村秩序的稳定。针对高利贷对小农的影响,马克思曾经指出:

> 对小农民来说,只要死一头母牛,他就不能按原有的规模来重新开始他的再生产。这样,他就坠入高利贷者的摆布之中,而一旦落到这种地步,他就永远不能翻身。

他还指出:

> 一方面,高利贷对于古代的和封建的财富,对于古代的和封建的所有制,发生破坏和解体作用。另一方面,他又破坏和毁灭小农民和小市民的生产,总之,破坏和毁灭生产者仍然是自己的生产资料的所有者的一切形式。[76]

在历史上,乡村高利贷盘剥农民、破人家产的记载史不绝书。如南宋卫泾《潭州劝农文》载:

> 豪民放债,乘民之急或取息数倍,积日累月或托名典本。算至十年,夺其屋,使不得居,夺其田,使不得食,流离困饿,曾不之恤。[77]

明代正统年间：

> 各处豪民私债，倍取利息，至有奴其男女，占其田产者，官府莫敢指叱，小民无由控诉。[78]

清代乾隆五年（1740年），河南农民：

> 一至青黄不接，则糊口无资，东挪西借。遂有奸贪富户及外来游棍，乘机重利盘剥，八折出借，滚算月利，不及一年，利过于本。至期逼索，如狼似虎，刻不容缓，或准牲畜、粮食；或折收田、房、器具。贫民生计尽归若辈之手。[79]

尽管通过高利贷剥削和坑害小民的不法借贷在历史上长期存在，但必须承认这并不是乡村借贷中的普遍现象。相反，历代政府都十分注意对乡村借贷进行规范，特别是对不法借贷实行了必要的管理和控制，关于这一问题，暂且留待下论。

对于乡村中的借贷关系，过去我们常对其持负面的看法，常常把乡村中的借贷行为简单地称为高利贷，过分强调它消极的一面。实际上，这样的看法并不完全符合实际。应该承认，乡村中的借贷行为一方面具有剥削的负面效应，使农家的债务日益加重，生活陷于困境甚至破产。另一方面,借贷资本在乡村经济中的流动,不仅在一定程度上保护和维持了贫困小农的生计,而且能够让缺乏生产资本的农家将富民的财富转借作为自己的生产资本,使周期性的农业再生产活动得以顺利进行。对于乡村借贷的负面影响我们固然不能忽视,但它能在中国乡村社会中持续数千年并一直延续到今天,这说明它是具有一定合理性的。费孝通先生指出:

> 单纯地谴责土地所有者或即使是高利贷者为邪恶的人是不够的。当农村需要外界的钱来供给他们生产资金时,除非有一个较好的信贷系统可供农民借贷,否则地主和高利贷是自然会产生的。如果没有他们,情况可能更坏。[80]

正是在这个意义上,我们应重新审视历史上的乡村借贷及其在乡村社会经济中发挥的作用。

最后,我们不妨再从 20 世纪 20 年代以来中国乡村金融的发展来印证我们上面的看法。

20 世纪二三十年代,由于地主、富农和商人的大量城居化,乡村资金的大量外流,再加上天灾匪祸所引起的地主、富农、商人和典当业经济地位的下降,农村金融严重枯竭,传统的乡村借贷市场趋于疲软。李金铮认为:

　　所谓金融枯竭，实际上是指传统借贷形态尤其是高利贷衰落的危机，而这一危机给农村金融带来了极大的困难。[81]

在乡村借贷的危机下，大量农民由于借贷无门而濒于破产。30 年代的经济学家张一凡就指出：

　　平民在高利贷之下借到了钱，他们不但不对债主仇恨，而且甚至会叩头求拜地感激涕零！凡深入过民间的人，都知道这是事实。[82]

从 20 年代末开始，中国共产党先后在革命根据地和解放区实施了一系列减除和废除民间高利贷的措施。1928 年，中共在革命根据地开始实行禁止高利贷、废除一切封建债务的政策。抗日战争时期又改为具有统战性质的减息政策。1947 年 9 月，中共中央通过了《中国土地法大纲》，宣布"废除一切乡村中在土地制度改革以前的债务"，将"土地改革以前劳动人民所欠地主富农高利贷者的高利贷债务"予以废除。这些政策的实施，虽然在一定程度上减轻了农民的高利贷负担，但由于地主、富农在革命中败落，或者因为惧怕革命而不敢放债，引起了农村借贷关系的普遍停滞，农民由于借不到债而生活困难。[83]1927 年 3 月 19 日，邓演达、毛泽东、陈克文以中央农民委员会常务委员的名义发表的

《对农民宣言》中就指出：

> 贫农不仅无土地，而且无资本。革命发展的结果，乡村富有阶级极端闭借，许多地方几乎断绝借贷关系，致使贫农社会惶惶不可终日。[84]

抗日战争时期安徽六安县安乐乡的调查也表明，由于减息政策的实施，地主、商人不敢放债，致使农民借不到债，乃至埋怨抗日政权。[85] 解放战争时期也是如此，1948 年 2 月 19日中共邯郸局在给中共中央的《关于借贷问题的请示报告》中也指出：

> 我区封建性高利贷债务早已废除，一般农民不是苦于高利贷，而是苦于借不到钱。[86]

这段历史同样说明，乡村借贷在乡村经济中确实具有重要作用，一旦乡村借贷陷于停滞，乡村内部的发展就会受到影响。

四

乡村借贷加速了乡村中的资本融通，对乡村社会经济的发展产生了重要的影响。唐宋以来，伴随着乡村借贷活动的发展,政府对乡村借贷的管理走向了常态化和制度化。大体而言,唐宋以来的历代政府对乡村借贷主要采取了既肯定和保护,又干预和限制的政策。

(一) 政府和士大夫阶层对乡村借贷的保护与利用

第一,肯定乡村借贷的重要性,主张对乡村借贷予以保护。

南宋思想家叶适认为,"小民之无田者,假田于富人;得田而无为耕,借资于富人;岁时有急,求于富人",肯定富民的放贷行为是"为天子养小民"。[87]清代,道光帝也在谕旨中称:"民间典质称贷,有无相通,事所常有。江西省所属,向有殷实之户,于青黄不接时,将谷物听农民质押,以有余补不足,沿行日久,贫富相安。"[88]正因为乡村借贷具有重要的作用,所以政府对乡村借贷予以保护。南宋绍兴二十三年(1153 年),宰执奏上书者言:"举债之家如还本已足,利当尽放。"宋高宗则认为:"如此则上户不肯放债,反为细民之害。宜详细措置。"[89]同年,又有温州布衣万春上言户部,"乞将民间有利债负还息与未还息,及本与未及本者并与除放"。而户部认为:"坊廓乡村贫民下户,遇有缺乏,全藉借贷以济食用。今来若一概并予除放,深恐豪右之家日后不可生放,细民缺乏。"只同意"将民间所欠私债还利过本者并予条依除放"。[90]南宋孝宗乾道年间,方滋兼权户部,"有请贫民贷富家粟,第偿其半者。公曰:'是使富家不贷而贫民亦无所资食也。'议不行"。[91]明代，高拱反对海瑞对乡村借贷采取的政策，认为对于乡村借贷"就中严抑取利之禁可也"，他说：

> 瑞乃不遵明例，妄禁不许还债。夫债不还于今，则借不通于后，……致使食用虽急，称贷无门，异日必以求为自逞，不以安土为乐。[92]

陆深也说：

> 江南放债一事，滋豪右兼并之权，重贫民抑勒之气，颇为弊孔，然亦不可废者，何则？富者贫之母，贫者一旦有缓急，必资于富，而富者以岁月取赢，要在有司者处之得其道耳……贫富尤左右手也，养右以助左，足以便事；一等好功名官府，往往严禁放债之家，譬如戕右以助左，则为废人矣。[93]

由于富民阶层是乡村借贷的主体，为了保护富民乡村放贷的积极性，官方还对富民借贷米谷的偿还予以保障。南宋朱熹就主张：

> 其贫乏无种粮之家，请谕上户借贷，如要官司文历即印给，令上户收执，遇有下户借贷麦种粮食即令就历

批领,将来还足对行勾销,如有不还,官为理索。[94]

　　其间若有负顽不还之人,仰田主经官陈论,当为监纳,以警顽慢。[95]

唐仲友还主张由官方对米谷偿还的期限作出规定,保证富民的借贷:

　　旧新债负并在蚕麦,细民必困理索,富民虑借者不能并还,未乐借贷,更宜明为期约,示之必信。[96]

明代永乐年间饥荒,江西布政司参政刘辰"劝富民贷饥者",通过采取"官为立券,期年而偿"的措施,有效地保障了债权人的利益和积极性。[97]

　　第二,在灾荒救济时积极利用乡村借贷,尤其是鼓励富民参与放贷。

　　早在北宋时期,司马光就主张救济灾荒时应该充分利用富民进行放贷:

　　富室有蓄积者,官给印历,听其举贷,量出利息,候丰熟日官为收索,示以必信,不可诓诱,则将来百姓争务蓄积矣。[98]

对于这一做法,南宋人唐仲友表示赞赏,并称:"劝谕借贷,最为救荒之急。"[99]明代，陈希元在嘉靖初年措置荒政时言：

> 臣愚欲分民为六等，富民之等三：极富、次富、稍富；贫民之等三：极贫、次贫、稍贫。稍富不劝分，稍贫不赈济。极富之民使自检其乡之极贫者而贷之银，次富之民使自检其乡之次贫者而贷之种。非待欲借其银种也，欲于劝分之中而寓审户之法也。[100]

清代张伯行在《救荒事宜十条》中也主张：

> 劝谕有积蓄之家，许行出利借贷与人，候丰熟之日，令其偿还。[101]

余廷灿也称：

> 富民重积谷，故常平社仓所辽缓稽滞不及事者，富民实能佐有司之急，纾百姓水旱之忧。一时婚姻亲戚毗邻，告籴告贷于其门者，若取寄物也。[102]

正因为存在上面这样的主张，每有饥馑灾荒，历代政府都会劝谕富民赈贷。例如，南宋孝宗乾道二年（1166 年）二月，两浙路转运判官姜诜因"浙西州县灾伤，民户阙食"，上言请求下谕守臣措置，"其阙食民户，量行赈济，劝谕田主

豪右之家借贷种粮"。[103]明宣德八年(1433年)南北直隶、河南、山东、山西等地饥荒,宣宗下诏:

> 所在官司验口给粮赈济,如官无见粮,劝率有粮大户借贷接济,待丰熟时抵斗偿之。[104]

为了鼓励富民在灾荒时积极放贷,政府还实施了一系列鼓励措施。南宋绍兴三年(1133年)六月,江西、湖南诸州郡旱伤:

> 荆湖南路宣谕薛徽言:"已檄州县劝诱上户借贷种,本月终考历,以多寡为殿最。其上三名与免公罪杖一次,稍多者又与免科役一次,优异者保明申本司。……"从之。[105]

明代英宗时期,刑科给事中年富因各处饥馑:

> 乞命自今或遇荒歉,为贫民立券,贷富人粟分给,仍免富人杂役为息,候年丰偿本。从之。[106]

可见,推恩赏格和免除科役是官府鼓励富民参与乡村借贷的主要措施。

（二）政府对乡村借贷的干预与限制

政府对社会经济实行强有力的控制,这是中国古代社会经济运行和发展的一大特点。作为传统社会中的一种经济现象,乡村借贷从未脱离过历代政府的管理和干涉而自由发展。从唐宋以迄民国,政府对乡村借贷的管理和干涉主要表现为以下三种:

第一,立法规范和管理乡村借贷,尤其是加强对借贷利率的控制。唐宋以后,政府对乡村借贷的立法明显加强。从唐至清的法律典章中,都对乡村借贷进行了专门的规定。唐代的《唐律》和《唐杂令》中就有关于民间借贷的律令。[107]宋代的《宋刑统》和《庆元条法事类》,元代的《元典章》和《通制条格》中也有规范民间借贷的条文。[108]《大明律》和《大清律例》专门在户律中设有"钱债"门,对民间借贷的问题进行规定。民国时期颁布的《民法》和《民法债编施行法》更是对民间借贷作出了详细的规范。

乡村借贷中最为人诟病的就是利率问题。在政府对乡村借贷的管理中,最突出的就是对借贷利率的管理。历代政府都对借贷利率实行了限制,既对借贷利率给予限制,也对利息总量进行了规定。历代政府对借贷利率的控制情况,如下表所示:

历代政府法定利息一览表(唐—清、民国)

朝代	时间	月息上限	利息总量上限	资料摘要及出处
唐	开元二十五年	6%	100%	《唐杂令》:"每月取利不得过六分,积日虽多,不得过一倍。"
	开元十六年	4%		《唐会要》卷88《杂录》:"天下负举,只宜四分收利,官本五分取利。"
	开元二十七年	5%	100%	《唐六典》卷6《比部郎中员外郎》:"凡质举之利,收子不得逾五分,出息债过其倍。"
	开成二年	5%		《宋刑统》卷26,引唐开成二年八月二日敕节文:"今后应有举放……不得五分以上生利。"
五代	后梁龙德元年		100%	《旧五代史》卷10《末帝纪下》:"公私债负,纳利及一倍已上者,不得利上生利。"
	后唐长兴元年		100%	《旧五代史》卷41《明宗纪七》:"应私债出利已经倍者,只许征本。"
	后晋天福六年		100%	《旧五代史》卷80《高祖纪六》:"私下债负征利及一倍者并放。"
北宋	宋太祖时颁布	6%		《宋刑统》卷26,引《唐杂律》:"每月取利不得过六分,积日虽多,不得过一倍。"
	太平兴国七年		100%	《续资治通鉴长编》卷23,太平兴国七年六月丙子:"令富民出息钱不得过倍称,违者没入之"
	淳化四年		100%	《宋大诏令集》卷198《禁约民取富人谷麦不得输倍诏》:"有取富人家谷麦,贷息不得输倍"。

续表

朝代	时间	月息上限	利息总量上限	资料摘要及出处
南宋	乾道三年	50%		《宋会要辑稿》食货68之65,乾道三年八月二十五日诏:"诸路州县约束人户,应今年生放借贷米谷,只备本色交还,取利不过五分,不得作米钱算息。"
	嘉泰三年颁布	4%(月息)50%(米谷年息)	100%	《庆元条法事类》卷80《杂门·出举债负》:"诸以财物出举者,每月取利不得过四厘,积日虽多,不得过一倍。"借米谷者,"每岁取利不得过五分"。
金	贞祐四年	3%	100%	《金史》卷50《食货志五·和籴》:"国朝立法,举财物者月利不过三分。积久至倍则止。"
元	至元十九年	3%		《元典章》卷27《户部·钱债·私债》:"今后若取借钱债,每两出利不得过三分。"
	至元三年、二十九年		100%	《通制条格》卷28:"至元三年二月,钦奉圣旨:负债只还一本一利"。至元二十九年十月,户部议得:举借斛粟,"年月虽多,不过一本一利"。
明	洪武年间颁布	3%	100%	《大明律》卷9《户律六·钱债·违禁取利》:"凡私放钱债及典当财物,每月取利并不得过三分。年月虽多,不过一本一利。"
清	顺治五年	3%		《清世祖实录》卷38,顺治五年闰四月丁未谕:"今后一切债负,每银一两止许月息三分,不得多索及息上增息。"十一月辛未诏:"以后只许照律每两三分行利,即至十年,不过照本算利。"
	乾隆五年颁布	3%	100%	《大清律例》卷14《户律·钱债·违禁取利》:"凡私放钱债及典当财物,每月取利并不得过三分。年月虽多,不过一本一利。"

续表

朝代	时间	月息上限	利息总量上限	资料摘要及出处
民国	民国十九年	20%（年息）	100%	《民法》第205条："约定利率超过周年20%者债权人对于超过部分之利息无请求权。"《民法债编施行法》："（《民法债编》）施行之时未付之利息总额，已超过原本者，仍不得过一本一利之规定。"

除了对利息进行干预之外，政府还对借贷中的钱谷准折、回利为本以及以私债强行夺人财产、人口等现象予以明确禁止。如南宋《庆元条法事类》中规定："元借米谷者，止还本色"，"仍不得准折价钱"。"诸以财物出举而回利为本者，杖六十；以威势殴缚取索，加故杀罪三等。""诸以债负质当人口（虚立人力、女使雇契同）杖一百，人放逐便，钱物不追，情重者奏裁。诸以有利债负折当耕牛者，杖一百，牛还主。"元、明、清都有类似的法律规定。民国《民法》第207条也规定："利息不得滚入原本再生利息，但当事人以书面约定利息迟付一年，从经催告而不偿还时，债权人得将迟付之利息滚入原本者，依期规定。"

当然，法令条文不等于历史现实。在实际情况中，违法取息的情况还是经常出现。例如南宋袁采就记载：

　　兼并之家见有产之家子弟昏愚不肖，及有缓急，多是将钱强以借与。或始借之时设酒食以媚悦其意，或既借之后历数年不索取。待其息多，又设酒食招诱，使之结转并息为本，别更生息，又诱勒其将田产折还。法禁虽严，多是幸免。[109]

再如，明清时期官定的利息上限是月息三分，但是在现实中富户放贷于农民，"有每月加五六分至大加一五不等，穷民任其盘算"。[110]不过，对乡村借贷的管理和控制是政府社会管理职能的体现，对促进社会经济的平稳运行和乡村借贷的良性发展起到了积极作用。唐宋以后，随着社会借贷利率的总体走低，政府的法定利率也出现了逐步下降的趋势。

第二，由国家赦免私人债务。国家干预乡村借贷的另一种形式就是对乡村民间私人债务的免除，这主要通行于五代以及南宋时期。

五代时期，国家对民间私债的放免十分频繁。后梁武帝贞明六年（920年）四月丁亥制："其有私放远年债负，生利过倍，自违格条，所在州县，不在更与征理之限。"[111]这就是说，禁止对利息已经过倍的私债继续征息。由此开始，直至后晋少帝天福七年（942年），后梁、后唐、后晋三朝在短短的23年间先后7次下诏对全国范围内的民间私债予以免除，平均不到3年就要免除一次。根据《册府元龟》的记载，五代时期私债放免的具体情况如下表：

时间	放免措施	资料来源
梁武帝贞明六年（920年）四月	其有衷私远年债负,生利过倍,自违格条,所在州县不在更与征理之限	《册府元龟》卷491《邦计部·蠲复第三》
后唐庄宗同光元年（923年）四月	应有欠负,不系公私,若曾重重出利,累经征理,填还不迨者,并皆释放。	《册府元龟》卷491《邦计部·蠲复第三》
后唐庄宗同光元年（923年）十月	公私债负等,其汴州城内,自收复日已前,并不在征理之限;应天下诸道,自壬午年十二月已前,并放。	《册府元龟》卷92《帝王部·赦宥第十一》
后唐明宗长兴元年（930年）二月	应诸色私债纳利已经一倍者,只许征本,本外欠数并放;纳利已经两倍者,本利并放。	《册府元龟》卷93《帝王部·赦宥第十二》
后晋高祖天福五年（940年）正月	应天福元年（《旧五代史》卷79《晋书第五·高祖纪五》作"三年"）终已前,公私债负,一切除放。	《册府元龟》卷492《邦计部·蠲复第四》
后晋高祖天福六年（941年）八月	私下债负征利已及一倍者,并与除放。如是主持者,不在此限。	《册府元龟》卷94《帝王部·赦宥第十三》
后晋少帝天福七年（942年）八月	应天福七年夏税已前诸色残欠及沿征钱物,并公私债负等,并与除放。	《册府元龟》卷492《邦计部·蠲复第四》

　　南宋时期继续实施了国家对民间私债的放免政策。高宗绍兴二十三年（1153年）"诏民间所欠私债还利过本者,并予条依除放",[112]绍兴二十四年又对旱伤地区"依条检放公私欠债",[113]绍兴二十六年"诏民间私欠逋负,依欠官物指挥,限绍兴二十二年以前并行除放"。[114]孝宗隆兴元年（1163年）三月十三日,诏:

民间有利息债负，可截自绍兴二十八年以后，如已出息过本，谓如元钱一贯已还二贯已上者，并行除放。其息未及本者，许逐月登带入还。若转利为本钱，止分限交还本钱。[115]

淳熙十六年（1189 年）光宗《登极赦》中又规定"凡民间所欠债负，不以久近多少，一切除放"，[116]"遂有方出钱旬日，未得一息，而并本尽失之者"。[117]同年闰五月又诏"免郡县淳熙十四年以前私负。十五年以后，输息及本者亦蠲之"。[118]绍熙五年（1194 年），宁宗也对私债进行了放免，"蠲放一如淳熙十六年故事"，[119]但"只为蠲三年以前者"。[120]元代仍有放免私债的情况。世祖时，刘秉忠上书云：

今宜打算官民所欠债负，若实为应当差发所借，宜依合罕皇帝圣旨，一本一利，官司归还。凡陪偿无名虚契所负，及还过元本者，并行赦免。……世祖嘉纳。[121]

对于国家放免私债的政策，清末法学家沈家本在评论南宋的私债赦免制度时指出：

民间债负乃私有之权，本不应在赦中。赦本非美事，此尤为失之甚者。今时之赦无此事，盖不用宋法矣。[122]

沈氏从近代西方私有权神圣不可侵犯的观念出发,认为赦免私债是公权力对私权利的侵犯。与此相关的是,从出土的唐代高昌和吐蕃文书来看,当时的民间借贷契约中大量出现了排斥政府恩赦效力的"恩赦担保",如"唐乾封元年(666年)高昌郑海石举银钱契"中写有"公私债负停征,此物不在停限"。"吐蕃寅年(834年)敦煌阴海清便麦粟契"中写明:"中间如有恩赦,不在免限。""吐蕃寅年(834年)敦煌赵朋朋便豆契"中亦有"如后有恩赦,不在免限"的约定。[123]这类立契惯语的出现,反映了民间私权对于国家公权的抵抗。因此,国家放免私债的实施效果是有限的。从元世祖以后,历明清时期,国家以赦令形式免除私债的情况终未出现。不过,从社会经济运行的角度来看,国家对私债的赦免,对于缓解社会矛盾,保障社会经济平稳运行无疑起到了一定作用,尤其是在五代、南宋那样内忧外患、战乱频仍的时代。

第三,由国家开办借贷同民间放贷展开竞争。国家在日常的赈贷之外开办借贷业务,汉代有王莽的"赊贷法",隋唐有政府运营的"公廨钱",宋代则有熙丰时期的"青苗法"。王莽的"赊贷法",以无息或低息的方式向农民提供祭祀、丧祭和生产经营使用的贷款,带有一定的救济性质。隋唐的"公廨本钱"在于"回易取利,以充公用",[124]以营利为主要目的。北宋熙宁二年(1069年)开始实行的"青苗法"则有所不同,它是一种通过国家放贷来打压乡村借贷的方法。

青苗法是一种主要面向乡村农户的官营借贷。变法派在阐述青苗法实施的目的时称:"人之困乏,常在新陈不接之际,兼并之家乘其急以邀倍息,而贷者常苦不得。"[125] 王安石也称:"昔之贫者举息之于豪民,今之贫者举息之于官,官薄其息而民救其乏,则青苗之令已行矣。"[126] 可见,青苗法实施的目的主要是反对富民大姓的高利贷兼并。青苗法每年分两次将现钱贷予农户,"夏料"当年夏收后归还,"秋料"秋收后归还,利率二分,相当于年息四分。也就是说,国家通过向农户发放上利为 40% 的青苗钱来抵制社会上利息为 100% 的"倍称之息",这完全是由国家来充当农民的债权人而与民间放贷者展开竞争。

青苗法的实施对于打击民间高利贷起到了一定的作用。漆侠先生认为:"自青苗法推行后,被称为'富民之利'的高利贷,在一定程度上被政府夺去",对民间高利贷起到了一定的限制作用,对宋代民间借贷利率的下降也起到了相应的作用,因此"青苗法执行的实际情况在某种程度上达到制定法令的主旨"。[127] 然而,青苗法的实施一开始就带有"俵散"、"抑配"等诸多弊端,屡遭反对派诘难,最终难以继续推行。青苗法的失败,说明政府所代表的行政干预力量在资源配置上具有天然的缺陷。尽管它对抑制乡村的高利贷活动起到了一定作用,但由于青苗法的制度设计是以国家为本位的,不但不可能取代乡村借贷而在乡村金融调剂中发挥作用,反而对乡村社会造成了极大的扰动。

五

通过上面的论述可以看出,乡村借贷在中国具有较长的发展历史和深厚的发展基础。在历史的发展中,由于乡村借贷很好地适应了传统乡村社会经济发展的需求,在乡村经济中产生了重要影响。改革开放后,随着农村经济体制的改革和农村经济的发展,乡村借贷又在广大农村逐渐兴起。有数据显示,从1986年起,农村民间金融规模超过正规信贷规模,并以每年19%的速度增长。[128]与此同时,乡村借贷也在农村经济和社会发展进程中扮演了越来越重要的角色。因此,沟通历史与现实的联系,在深入总结历史的基础上,正确认识和看待当前的乡村借贷活动,对当前处理农村金融工作具有重要的意义。

综观乡村借贷在我国的历史发展和现实情况,我们认为,要正确处理当前的乡村借贷活动,应充分注意以下几个方面的问题:

第一,当前我国乡村借贷的存在基础和运行特点没有发生根本性变化。

在历史上,民间借贷的存在始终与传统社会的小农经济相适应,根源于小农生产的分散性和脆弱性。改革开放30年来,虽然我国农村经济的发展取得了举世瞩目的成就,农村经济环境发生了根本性的变化,但是我国农村经济规模化不高,农业生产经营组织化程度低,小生产方式占主导地位的特征仍没有得到根本上的改变。这是我国现阶段乡村借贷存在和发展的经济基础。因此,乡村借贷的存在和发展,是以当前我国农村经济的特性为基础的。

其次,从乡村借贷的运行特点来看,乡村借贷在农村具有较大的市场,乡村借贷行为仍具有较强的普遍性。国务院发展研究中心2005年百村金融调查显示,农户所有借款中非正规借款占到了全部借款总额的47.4%。其中,生活性借款更多地来自民间借贷等非正规渠道,而生产性借款则较多地由正规金融机构提供,但即使是生产性借款,近一半的资金需求仍需要通过民间借贷等非正规渠道满足。[129]此外,乡村借贷的运行主要依靠一定的地缘和血缘关系,因此绝大多数乡村借贷又都是微利互助性质的,高利贷的现象并不普遍,这与传统社会乡村借贷的特点并无二致。

再次,乡村富有者在乡村借贷中发挥着重要作用。在历史上,富民阶层从来都是乡村借贷的主体,是乡村金融发展的主导性力量。改革开放后,销声匿迹了数十年的乡村借贷之所以在农村经济的回暖中逐渐复苏,主要就是因为乡村中富有阶层的重新崛起。国务院发展研究中心调查显示,在农村借贷中,除了亲友之间的互助性借贷之外,借贷的主要渠道是非亲友的私人借款以及专门的放贷人。民间非亲友的放贷人一般包括村干部、邻居、亲友的熟人以及认识的工商业主等,他们往往不是农村社区的专门放贷人,但在社区被认可为相对富裕者。农村专业的放款人主要是当地的普通农户,一般是经商或者从事种养业赚钱后有一定的富余资金,因为银行利率比较低就拿去放贷,而且放贷人在当地有比较好的声望和威信。[130]这说明,富有阶层在乡村金融中作用的发挥具有历史的连贯性。因此,要引导民间借贷合理适度发展,就要充分保护好农村富有阶层的权益,调动农村富有阶层的积极性。

第二,乡村借贷在当前农村金融中继续发挥着重要作用。

如前文所述,历史上的乡村借贷对于乡村社会经济的发展起到了重要作用,这与传统社会农村金融缺乏的问题具有一定的联系。改革开放以来,我国的农村金融事业取得了较快的发展,但是,我国仍存在着城乡金融发展不平衡,金融机构对农村信贷资金长期投放不足的问题。乡村借贷作为农村正规金融的一种有益补充,长期以来在农村金融中发挥了重要作用。

由于我国农村金融需求的基本特点是需求主体数量庞大而且极其分散,并不适合正规金融机构大规模运作。同时,由于正规农村信贷机构一直以来存在着金融功能缺失、服务不到位和供需错位的问题,农户和农村企业普遍受到不同程度的信贷约束,农户贷款难的问题仍旧相当突出,尤其是部分农村专业户和中小企业由于受到信贷约束,影响了致富活动和扩大生产。乡村借贷在一定程度上弥补了正规金融在农村的供给不足，对于增加农村生产经营资金、活跃农村经济、促进农村个体私营经济等方面起到了积极作用。在长期的活动中，乡村借贷不仅极大地满足了分散的小规模农户和大量农村中小企业日益增长的资金需求，而且还有效地实现了乡村资金的内部调剂，阻止了由于商业性金融机构的存贷业务而引起的农村资金外流，较好地适应了"三农"的金融需求。因此，我们要转变长期形成的观念，正视乡村借贷在农户生产生活以及农村经济中发挥的积极作用。

第三，现阶段我国的乡村借贷政策有待进一步调整。

从历史上看，历代政府对乡村借贷主要是采取了保护与限制的政策。20世纪50年代，新中国从当时农村社会关系的实际出发，对乡村借贷采取了批判、取代的政策，乡村借贷在农村开始沉寂。改革开放后，随着传统的计划经济模式被打破，乡村借贷再度兴起。然而，我国现行的法律和政策却缺乏对乡村借贷的合法定位，民间借贷在农村长期处于非公开状态，政府对其规范和监管的难度较大。同时，由于我们对民间借贷的功能和影响没有加以较好地区分，一律采取了严格的管制措施，打压多于引导，极大地限制了乡村借贷的发展。因此，要解决当前农村金融相对不足的问题，应适应"三农"金融需求多元化的特点，在加强监管、防范风险的前提下，从法律上承认和规范乡村借贷活动,采取有效措施积极引导乡村借贷的发展,依法对其实施管理。

当前,规范和引导乡村借贷已经引起了党和政府的高度重视。1985年中央一号文件提出"适当发展民间信用"。2006年中央一号文件明确指出要"规范民间借贷"。2008年10月12日党的十七届三中全会通过的《中共中央关于推进农村改革发展若干重大问题的决定》提出要建立现代农村金融制度,其中强调要"规范和引导民间借贷健康发展"。与此同时,旨在明确非吸收存款类放贷人主体的法律地位,引导民间金融成为农村金融市场的重要竞争主体的"放贷人条例"正在加快制定中。这表明,规范和引导民间借贷参与乡村金融,已经成为今后农村金融工作的一大趋势。

由此可见,无论从历史的经验,还是从现实的情况来看,乡村借贷适应了"三农"的金融需求,其在乡村存在和发展具有现实的必然性。因此,我们一方面应正确认识和评价乡村借贷及其在农村金融中的地位,对合理、合法的乡村借贷予以保护,并进一步研究完善相关政策,促进其健康发展;另一方面,应加强对乡村借贷的规范和引导,从根本上解决乡村借贷的问题。我们认为,要从根本上解决乡村借贷的问题,关键是要在提升乡村借贷的层次和水平的基础上,加快农村金融服务体系建设。

首先,规范和引导当前的乡村借贷活动,充分发挥民间资本在农村金融中的作用，应积极引导农户发展资金互助组织。

　　农村资金互助组织是一种应农民需求而生、由农民自主建立的金融组织。农民资金互助组织按照合作制基本原则建立，实行自主筹建、民主管理，是一种以农民为主体的新型农村金融组织。农村资金互助社不仅能够调节成员的资金余缺，满足农户小额、频繁和多样的借贷需求，而且又能在一定程度上避免乡村私人借贷中由于监管不到位、运作不规范而出现的各种问题，保证民间借贷资金的规范化、安全化运作，对于提高农民的经济实力和组织化程度，充分发挥民间资金的作用，提升乡村借贷的层次和水平具有重要作用。因此，引导农户发展资金互助组织是规范乡村借贷，真正发挥乡村民间借贷作用的一种有效途径。

　　2006年中央一号文件提出要"引导农户发展资金互助组织"。目前，我国部分地区已经启动此项工作的试点。然而，由于农民资金互助组织在我国处于探索阶段，不仅其法律地位需要进一步予以明确，而且还存在很多亟需解决的问题。我们认为，当前要规范乡村借贷，引导农户发展资金互助组织，需要重视以下两个主要问题：一是重视农村富有阶层和实用人才的培育。一方面要充分保护好农村富有阶层的权益，调动农村富有阶层的积极性，积极吸引乡村富有阶层参与农村资金互助组织的建设和管理；另一方面，要重视乡村实用人才的培养和造就，引导农村实用人才创办资金互助组织。二是明确政府的地位和作用,在农村资金互助组织的管理上,政府应以引导、监控为主,避免过多地对其进行干预,提高农村资金互助组织的自主性。通过资金互助组织改善农村的金融状况,提高农民的经济实力和组织化水平。

其次,加快现代农村金融体制改革,建设多元化和竞争性的现代农村金融体系。

《中共中央关于推进农村改革发展若干重大问题的决定》指出,要创新农村金融体制,放宽农村金融准入政策,加快建立商业性金融、合作性金融、政策性金融相结合,资本充足、功能健全、服务完善、运行安全的农村金融体系。应当看到,乡村借贷在我国长期存在和发展,虽然根源于一定的历史和现实因素,但从根本上说是它又是与我国当前农村金融服务体系建设的滞后性具有密切的联系。因此,要引导和规范乡村借贷,应加快农村金融改革,进一步推动符合农业特点和农民实际需求的农村金融服务体系建设。一方面,要加强对农村现有金融体系的改造,强化农业银行等农村现有金融机构服务"三农"的责任和能力,增加农村信贷的投放,大力发展小额信贷,形成农村资金的回流机制。另一方面,要放宽农村金融准入政策,特别是发挥农村民间金融组织的作用,引导条件较好的民间金融组织改制为民营贷款机构,通过有效的监管,发挥民间借贷机构服务农村金融的能力。总的来说,在现有的农村正规金融体系尚不能完全取代乡村借贷的作用或地位的条件下，乡村借贷还将在我国长期存在。因此，我们应从改革和发展的高度来处理当前乡村借贷的问题，通过改革和制度创新加强对乡村借贷的管理和引导，发挥其在乡村金融中的应有作用。

　　总之，当今中国要解决"三农"问题，关键在于培植乡村社会内在的发展动力，解决农村金融问题也是如此。长期以来，我们在农村金融工作中忽视了乡村内生性积极因素的发挥，主要依赖国家的财税政策和金融机构予以支持。客观地说，这些政策对于农村金融的发展起到了积极作用，特别是近年来农村金融机构为农民、农业和农村经济提供金融服务的状况有了明显改善。但是，这仍然无法从根本上解决农村金融缺乏和资金外流的问题。因此，在乡村金融工作中，积极引导乡村借贷合理适度发展，通过政策引导和制度创新，引导农户发展资金互助组织，鼓励乡村富有阶层和实用人才在乡村金融中发挥应有的作用，变外部"输血"式的金融扶持为"造血式"的内部发展，不断增强农民的经济实力和组织化水平，建设现代农村金融体系，农村金融缺乏和农村资金外流的现象才能从根本上得到解决。这既是历史的启示，也是当前农村社会经济发展的现实需要。

注　释

1　吕振羽：《殷周时代的中国社会》，第70页，生活·读书·新知三联书店1962年。

2　《周礼·天官·冢宰上》。

3 《孟子·滕文公上》。

4 《汉书》卷 24 上《食货志四》。

5 桓宽:《盐铁论》卷 4《园池第十三》。

6 司马迁:《史记》卷 129《货殖列传》。

7 《后汉书》卷 85 上《桓谭传》。

8 《北史》卷 33《李孝伯附李士谦传》。

9 《宋书》卷 81《顾恺之传》。

10 《北齐书》卷 22《李元忠传》。

11 《北齐书》卷 42《卢叔武传》。

12 彭信威:《中国货币史》,第 281 页,上海人民出版社 2007 年。

13 玄宗:《发诸州义仓制》,《全唐文》卷 23。

14 陆贽:《均节赋税恤百姓六条》,《全唐文》卷 685。

15 唐耕耦:《唐五代时期的高利贷——敦煌吐鲁番出土借贷文书初探》,《敦煌学辑刊》
   1985 年第 2 期、1986 年第 1 期。

16 洪迈:《容斋五笔》卷 6《俗语放钱》。

17 《续资治通鉴长编》卷 240,熙宁五年十一月戊午。

18 漆侠:《宋代经济史》,第 1131 页,中华书局 2009 年。

19 《通制条格》卷 28《杂令·违例取息》。

20 《元史》卷 20《成宗纪三》。

21 苏天爵:《元名臣事略》卷 7《平章廉文正王》。

22 高拱:《高文襄公文集》卷 16《覆给事中戴凤翔论巡抚海瑞书》。

23 赵用贤:《松石斋集》卷 27《上申相书》。

24 《清史列传》卷 42。

25 李元度:《天岳山馆文钞》卷 40《平江县志论·仓储》。

26 《光绪文登县志》卷 3 下。

27 《清高宗实录》卷 311,乾隆十三年三月癸丑。

28 吴承禧:《中国各地的农民借贷》,载千家驹编《中国农村经济论文集》,第 166—170
   页,上海书店 1990 年。

29 在现代经济学中,一般将这三类借贷称为白色借贷(友情借贷)、灰色借贷(中等利
   率水平的借贷)和黑色借贷(高利贷)。见姜旭朝:《中国民间金融研究》,第 79 页,

山东人民出版社 1996 年。

30　赵汝愚：《宋名臣奏议》卷 117《财赋门》，苏辙《上神宗论新法画一》。

31　《光绪文登县志》卷 3 下。

32　林云铭：《挹奎楼遗稿》卷 1《徽州南米改折议》。

33　民国《南充县志》卷 14。

34　赵汝愚：《宋名臣奏议》卷 112《财赋门》，韩琦《上神宗论条例司画一申明青苗事》。

35　丘浚：《大学衍义补》卷 13《蕃民之生》。

36　顾起元：《客座赘语》卷 5《三宜恤》。

37　《乾隆仙游县志》卷 20《赋役志》，孙之屏《仙游义仓记》。

38　唐甄：《潜书·富民》。

39　乾隆《仙游县志》卷 20《赋役志》，孙之屏《仙游义仓记》。

40　苏辙：《栾城集·三集》卷 8《诗病五事》。

41　钱泳：《登楼杂记》。

42　昭梿：《啸亭杂录·续录》卷 2《本朝富民之多》。

43　袁采：《袁氏世范》卷 3《假贷取息贵得中》。

44　朱熹：《朱文正公集》卷 100《劝农文》。

45　《续资治通鉴长编》卷 451，元祐五年十一月。

46　《宋会要辑稿》食货 13 之 21。

47　薛季宣：《浪语集》卷 17《奉使淮西与虞丞相书》。

48　《上元县志》卷 12《艺文志》，姚汝循《寄庄议》。

49　《崇祯松江府志》卷 13《荒政》，陈继儒《救荒诸议·田主赈佃户》。

50　袁采：《袁氏世范》卷 3《富家置产当存仁心》。

51　钱泳：《履园丛话》卷 4。

52　参见龙登高：《清代地权交易形式的多样化发展》，《清史研究》2008 年第 3 期；《地权交易与生产要素组合：1650—1950》，《经济研究》2009 年第 2 期。方行：《清代前期的土地产权交易》，《中国经济史研究》2009 年第 2 期。

53　薛雨林、刘瑞生：《广西农村经济调查》，《中国农村》第 1 卷第 1 期，1934 年 10 月。

54　陈翰笙：《广东的农村生产关系与农村生产力》，《解放前的中国农村》第 2 辑，中国展望出版社 1987 年。

55　魏泰：《东轩笔录》卷 4。

56　朱熹:《朱文正公集》卷77《建宁府崇安县五夫社仓记》。

57　《元典章》卷19《户部五·种佃·佃户不给田主借贷》。

58　周之夔:《弃草文集》卷5《广积谷以固闽圉议》。

59　《同治平江县志》卷2。

60　陆游:《渭南文集》卷34《尚书王公墓志铭》。

61　《通制条格》卷28《杂令·违例取息》。

62　《同治丰城县志》卷2。

63　廖刚:《高峰文集》卷5《漳州到任条具民间利病五事奏状》。

64　周孚:《蠹斋铅刀编》卷23《焦山普济禅院僧堂记》。

65　《万历通州志》卷2《疆域志·风俗》。

66　章乃器:《中国货币金融问题》,第279页,生活书店1936年。

67　苏轼:《东坡全集》卷57《奏浙西灾伤第一状》。

68　真德秀:《西山文集》卷6《奏乞蠲阁夏税秋苗》。

69　真德秀:《西山文集》卷10《申尚书省乞拨和籴米及回籴马谷状》。

70　张履祥:《见闻录》卷4。

71　《同治龙山县志》卷18。

72　王有光:《吴下谚联》卷1。

73　洪迈:《夷坚支志》癸集卷8《陈泰冤梦》。

74　广西壮族自治区通志馆编:《太平天国革命在广西调查资料汇编》,第26页,广西人
　　民出版社1962年。

75　《光绪叙州府志》卷21。

76　马克思:《资本论》第三卷,第678、674页,人民出版社1975年。

77　卫泾:《后乐集》卷19《潭州劝农文》。

78　《明英宗实录》卷167,正统十三年六月甲申。

79　佚名:《心政录》卷3《为施教必先足民,足民尤先除累事》。转引自李文治编:《中国
　　近代农业史资料》第一辑,第97页,生活·读书·新知三联书店1957年。

80　费孝通:《江村经济——中国农民的生活》,第237页,商务印书馆2005年。

81　李金铮:《旧中国高利贷与农家关系新解》,《浙江学刊》2002年第6期。

82　张一凡:《我国典当业之研究》,《中国经济》第2卷第8期。

83　参见李金铮:《借贷关系与乡村变动——民国时期华北乡村借贷之研究》,第199—

226 页,河北大学出版社 2000 年。

84　《中国国民党第二届中执会第三次全会对农民宣言》,见中国第二历史档案馆:《中国国民党第一、二次全国代表大会会议史料(下)》,江苏古籍出版社 1986 年。

85　《安徽革命根据地财政经济史料选》第一册,第 299、320 页,安徽人民出版社 1983 年。

86　中央档案馆编:《解放战争时期土地改革文件选编(1945—1949)》,第 260 页,中共中央党校出版社 1981 年。

87　叶适:《水心别集》卷 2《民事下》。

88　《清宣宗实录》卷 45,道光二年十一月壬辰。

89　熊克:《中兴小纪》卷 35,绍兴二十三年四月壬寅。

90　《宋会要辑稿》食货 63 之 11。

91　韩元吉:《南涧甲乙稿》卷 21《方公墓志铭》。

92　《高文惠公文集》卷 16《覆给事中戴凤翔论巡抚海瑞书》。

93　陆深:《俨山外集》卷 4《河汾燕闲录》。

94　朱熹:《朱文正公集》卷 6《约束许下户就上户借贷》。

95　朱熹:《朱文正公集》卷 100《劝农文》。

96　《历代名臣奏议》卷 247,唐仲友《台州入奏札子》。

97　《明史》卷 150《刘辰传》。

98　司马光:《传家集》卷 39《言赈赡流民札子》。

99　《历代名臣奏议》卷 247,唐仲友《台州入奏札子》。

100　《明经世文编》卷 162,林希元《荒政丛言疏》。

101　张伯行:《正谊堂文集》卷 10《救荒事宜十条》

102　《清经世文编》卷 39《户政十四·仓储上》,余廷灿《富民》。

103　《宋会要辑稿》食货 68 之 65。

104　《明宣宗实录》卷 101,宣德八年四月戊戌。

105　《宋会要辑稿》食货 68 之 57。

106　余继登:《典故纪闻》卷 10。

107　参见《唐律疏议》卷 26《杂律》,仁井田陞:《唐令拾遗·杂令第三十三》。

108　参见《宋刑统》卷 26《杂律·受寄财物辄费用》"公私债负"条,《庆元条法事类》卷 80《杂门》"出举债负"条,《元典章》卷 27《户部·钱债》"私债"条,《通制条格》卷

28《杂令》"违例取息"条。

109　袁采:《袁氏世范》卷3《兼并用术非悠久计》。

110　田文镜:《抚豫宣化录》卷4。

111　《旧五代史》卷10《梁末帝纪》。

112　《宋会要辑稿》食货63之11。

113　《宋会要辑稿》食货63之11至12。

114　《建炎以来系年要录》卷173,绍兴二十六年七月戊午。

115　《宋会要辑稿》食货63之21。

116　洪迈:《容斋三笔》卷9《赦放债负》。

117　洪迈:《容斋三笔》卷9《赦放债负》。

118　《宋史》卷36《光宗本纪》。

119　《文献通考》卷27《国用考五》。

120　洪迈:《容斋三笔》卷9《赦放债负》。

121　《元史》卷157《刘秉忠传》。

122　沈家本:《历代刑法考·赦考》卷11《论赦一》,中华书局1985年。

123　张传玺:《中国历代契约会编考释》,第340、368、370页,北京大学出版社1995年。

124　《隋书》卷24《食货志》。

125　《宋会要辑稿》食货4之16。

126　王安石:《临川文集》卷41《上五事劄子》。

127　漆侠:《王安石变法》,第111、113页,上海人民出版社1959年;《宋代经济史》,第1138页,中华书局2009年。

128　严瑞珍、刘淑贞:《中国农村金融体系现状分析与改革建议》,《农业经济问题》2003年第7期。

129　韩俊等著:《中国农村金融调查》,上海远东出版社2009年。

130　韩俊等著:《中国农村金融调查》,第223、229页,上海远东出版社2009年。

中国古代的乡村控制及历史启示

中国自古以来就是一个农业大国。众多的人口生长、生活在乡村,他们的社会交往、经济活动等基本固定在无限广袤又相对封闭的乡村社会空间里。乡村,既是整个农业社会存在与发展的根本,又是国家政权获取统治资源的根基所在。因此,历朝历代政府都把加强乡村社会控制作为一项重要任务实施,以便利于国家统治和政权运转。中国古代国家主要通过乡里组织实现对乡村社会的控制与管理,同时又合理引导利用乡村社会中的精英分子参与国家乡村管理的运作过程,进而实现并强化国家对乡村社会的控制。时至今日,在现代工业与城市经济长足发展的前提下,乡村逐步由以往的国家控制转向乡村治理与建设。那么,中国古代的乡村控制模式与经验能为当前的乡村治理提供怎样的历史启示,并促进现代乡村治理逐步走向完善?这是一个值得我们思考的问题。

一

　　中国以农业立国的特性决定了乡村在国家组成部分中的基础性地位,也决定了为维持国家政权统治,必须要充分重视和加强对乡村社会的管理与控制。在古代中国,乡里组织就是由国家主导设置,代表国家力量对乡村社会进行管理与控制的主要机构。

　　从西周开始,国家就在国都地区设置了六乡,在国都以外地区设置了六遂,并分别设置了长官,负责对乡村地区的管理与控制。进入春秋战国,随着国家控制疆土领域的扩大,在国都之外,又逐步设置了县、郡等行政区划;同时在县、郡之下,又普遍设立了"乡"、"里"、"邑"等乡村组织层级单位。进入秦汉,在乡村中普遍实行乡亭里制,"大率十里一亭,亭有长。十亭一乡,乡有三老、有秩、啬夫、游徼",[1]作为国家控制乡村社会的主要机构,对乡村社会进行管理控制。北魏初在乡村实行宗主督护制,后又推行邻、里、族党三级制,"谓五家立一邻长,五邻立一里长,五里立一党长",[2]以强化对乡村社会的控制。东魏、北齐、北周在乡村实行邻、闾、党或里、党制,基本是对北魏乡里制的一脉相承。隋文帝时,令"五百家为乡,正一人;百家为里,长一人",[3]推行乡里制,随后又有废替。唐代在乡村规定"百户为里,五里为乡","每里设正一人,掌按比户口,课植农桑,检察非违,催驱赋役",[4]乡里之下又有"四家为邻,五邻为保,保有长,以相禁约",[5]乡里邻保的组织形式和职责非常明确。

北宋初期仍实行乡里制,中后期实行保甲制:

> 十家为一保,选主户有干力者一人为保长;五十家为一大保,选一人为大保长;十大保为一都保,选为众所服者为都保正,又以人为之副。……每一大保夜轮五人警盗,凡告捕所获以赏格从事,同保犯强盗、杀人、放火、强奸、掠人、传习妖教、造畜蛊毒,知而不告,依律。[6]

同时又规定:"令州县坊郭择相邻户三二十家排比成甲,选为甲头,督输税赋苗役",[7]体现出国家对乡村社会的管理更加严密。元代时,在沿袭宋制基础上,将乡里制推广,又创立"社"制。"县邑所属村庄,凡五十家立一社,择高年晓农事者一人为之长。增至百家者,别设长一员",设立社长,"以教督农民为事"。[8]明代在宋元乡里制基础上实行里甲制:

> 其法以一百一十户为里。一里中,推丁粮多者十人为之长,余百户为十甲,甲凡十人,岁役里长一人,甲首十人,管摄一里之事。[9]

明中后期,为维持乡里治安,又设立保甲制加强乡村控制。清初仿明制,地方设里甲,后又遍设保甲,"十户立一牌头,十牌立一甲长,十甲立一保正",规定"凡甲内有盗窃、邪教、赌博、赌具、窝逃、奸拐、私铸、私销、私盐、踩麯、贩卖硝磺,并私立各色敛财聚会等事,及面生可疑之徒,责令专司查报"。[10]直到清末,乡里组织形式基本没有再发生重大变化。

从上述可知,中国古代的乡里组织自先秦以来组织形式不断发生改变。大体而言,有一个从乡遂制演变到乡里制,又由乡里制向里甲、保甲制转变的过程。乡里组织形式的这些变化,反映出在社会形势发生变化的前提下,国家对乡村控制方式的不断调整。但是,透过这些组织形式变化的表面,深入分析乡里组织的具体职责,可以发现,乡里组织职责并未发生根本性改变,从中投射出国家控制乡村的主要目的也并未发生重大改变。

赋税征收是乡里组织的主要职责,也是国家控制乡村社会的最重要目的。在秦汉以来的乡里组织发展演变过程中,不论乡里组织怎样变化,征收赋税都是它最基本也是最重要的职责。秦汉时期乡里头目中的啬夫"职听讼、收赋税",[11]专门负责赋税征收;北魏时,"县宰集乡邑三老计赀定课",[12]规定赋税征收额度,因宗主督护荫庇人口改而推行三长制,强调三长以赋税征收为主要职责。唐代的乡里头目里正的主要职责"按比户口,课植农桑,检察非违,催驱赋税",[13]其中赋税征收占有重要地位。宋代初年沿用唐制,里正、户长的职责以掌握民户人口户籍、催征赋税为主,宋代中期以后改行保甲制,其中甲头有"督输税赋苗役"之责。[14]明代乡里以里甲制为主,里甲的主要职责是"编赋役黄册",[15]其目的就是为乡间赋税钱粮征收做准备;同时还专门设有粮长,选"粮多者为之",[16]负责赋税钱粮的征收与押解。清代乡里头目里长,"轮流应征,催办钱粮"为其主要职责,待"摊丁入亩"以后,保甲逐渐取代里甲,但也以催征钱粮为重要职责。

治安维持是乡里组织的另一项重要职责,也是国家乡村控制的重要组成部分。远在春秋管仲相齐之际,针对乡村人口流动可能带来的社会治安问题,就提出"善牧民者非以城郭也,辅之以什,司之以伍,伍无非其人,人无非其里,里无非其家,故奔亡者无所匿,迁徙者无所容"的思想,[17]主张实行伍里制,强化乡村社会治安。战国商鞅变法又对乡村民众实行什伍连坐法,"令民为什伍,而相收司连坐",[18]强化乡村治安维持。秦汉乡里组织头目中,"徼循禁盗贼",[19]明确规定乡里组织维持治安的职责。唐代里正"检察非违",也是为了维持乡里地方治安。宋代乡里组织有头目耆长,"主盗贼词讼",[20]是维持乡里治安的主要人员。王安石变法在乡村推行保甲制,本身出发点就是为了加强乡间防盗治安才实行民众间的相互联保。保甲制随后在明清两代极受统治者重视青睐,成为明清乡里组织的重要组成部分,在地方治安防护中发挥了积极作用。

乡村教化也是乡里组织的一项重要职责。如秦汉时期乡里设三老,专门负责对乡村实施教化。直到明时,乡村中还仿照汉代设有三老,负有对乡里进行教化和起表率作用,但实际上这种教化职责从汉代以后就逐渐衰微,不为乡里所重视了。乡里组织还有劝民农桑的职责,比如唐代乡里组织头目里正,元代的社长,都把促进乡民从事农业生产与发展作为一项职责。

此外,乡里组织还要承担并完成地方政府临时赋予的其他任务。

通观国家赋予乡里组织的职责,征收赋税和维持治安无疑在其中占有最为重要的地位,这也揭示了国家控制乡村社会的主要目的所在。

二

为了实现控制乡村社会的目的,从秦汉至明清,国家从没有放弃过对乡村组织的控制与监管,并且在社会发生剧烈变革状况下,能够适应时势变化,对乡村组织进行适时调整,巩固并加强对乡村社会的控制。这突出地表现在由唐入宋之际,随着乡村"富民"阶层的崛起,乡村组织头目身份发生了由"乡官"到职役的转变。

"富民",又称"富室"、"富家"、"富户"、"富姓"、"多

赀之家"等等，通常指的是拥有财富、受过良好教育而没有
政治特权的乡村平民。他们是在唐代以来商品经济快速发
展的社会背景下，随着社会财富力量的崛起而兴起的新的
社会阶层，包括部分靠工商业致富的人，但更多的是在乡村
中以经营土地致富的人。这个财富力量阶层，自唐代以后
不断成长壮大，到宋代苏辙说："惟州县之间，随其大小，皆
有富民"，[21]乡村社会中已经有大量的富民存在了。到明清
时期，乡村中的富裕阶层人数更多，力量更大，他们广泛参
与乡村社会事务，比如农田水利设施修建、学校兴建，乡村
贫困借贷、乡村灾荒年月的社会救济，以及在动乱年代乡村
社会治安维护，对乡村社会产生了巨大影响，已经成为乡村
社会的中间层、稳定层和发展层。因此，从这个意义上来
说，我们把唐宋以来的中国古代社会称为"富民社会"。

　　"富民"是商品经济发展和土地产权变革过程中社会
贫富分化的结果，他们的财富占有主要以土地占有的形式
表现出来。唐代的土地产权变革表现为土地买卖与兼并。
在土地买卖与兼并过程中，国家的赋税收入不断流失，这对
乡里组织的运行带来极大挑战，赋税征收的减少意味着国
家在乡村社会中的控制不断弱化，由此带来国力的衰弱。
为了更有效地获取乡村统治资源，强化国家对乡村社会的
控制，调整国家赋税征收原则和原有乡里组织运行模式成
为可能的选择。较改革沿袭数百年的赋税征收体系而言，
督促强化乡里组织头目的职责相对更为容易便行。但是，

在整个社会经济发生剧烈变革的条件下,不改变国家赋税征收体系,单纯依靠强化赋税征收过程,强化对乡里头目的督责,既无益于完成乡村赋税征收任务,对乡里头目的督责过度又容易导致乡里头目的逃避行为,进而破坏乡里组织的运行。唐睿宗时,监察御史韩琬奏称:"往年两京及天下州县学生、佐史、里正、坊正每一员阙,先拟者辄十人;顷年差人以充,犹致亡逸",²²里正等乡职已经由以往争而为之变为不愿为了。并且在国家单纯强化对乡里头目的赋税和治安督责后,乡里头目的身份在急剧下降,"往年选司从容安闲而以礼数见待;顷年选司无复曩时接引,但如仇敌估道耳"。²³乡里头目虽然是"乡官"身份,但较其职责来说,多数有"勋官"身份者已经不愿再担任乡里头目。这对国家控制乡村社会的影响极大。为保证赋税征收的完成,国家不得不加大对乡村赋税征收成本的投入,同时差派乡民充任乡里头目以应时局,但就算如此,乡村里正的逃亡也比较普遍,乡村组织遭到严重破坏。在强化乡村组织的赋税征收职责无果后,国家不得不顺应土地产权变革时势,于唐德宗建中元年(780年)改革原有赋税征收体制,推行"户无主客,以居者为簿;人无丁中,以贫富为差"的两税法,²⁴"资产少者税轻,多者税重",²⁵从而便于国家从乡村中获取有效赋税。针对乡里组织头目里正等不易为的情况,唐宣宗大中九年(855年)正式下诏:"以州县差役不均,自今每县据人贫富,及役轻重,作差科簿,送刺史检署讫……每有役事,

委令据簿轮差。"[26]这标志着中国古代乡里组织头目正式由
"乡官"转变为职役。

元代马端临在总结历代乡里组织时说:

> 役民者官也,役于官者民也。郡有守,县有令,乡
> 有长,里有正,其位不同而皆役民也。[27]

简言之,在唐大中九年前,乡长、里正等乡里组织头目是等
同于郡守、县令的"乡官"。事实上也是如此,周代的乡大
夫、遂大夫、闾胥、里宰等都是国家官员。[28]秦汉时期乡里头
目如三老、啬夫、游徼也为国家官员,享有国家俸禄。唐前
期的里正,要由"勋官六品以下、白丁清平强干者充"。[29]自
唐大中九年以后,乡里组织头目身份发生重大转变,由乡官
转变为户役。这种转变,与富民阶层的崛起密切相关。

如前所述,唐代土地私有产权的变革和土地买卖的盛
行,带来了财富力量的壮大,"富民"阶层随之崛起。"富
民"占有财富,财富主要以土地的形式表现出来,在国家财
政赋税改革"惟以资产为宗"的原则下,"资产少者税轻,多
者税重",[30]"富民"事实上已经成为国家赋税缴纳的主体。
因此,在"富民"阶层崛起后,乡村控制在很大程度上变成
控制富民。而对富民最好的控制方式就是让富民成为国家
统治系统内部的一员,使其为国家政权服务。因此,在乡里
头目"乡官"身份不断衰微之下,利用富民充当乡里组织头

目就成为一种新的趋势。

事实也是如此，自宋代以后，我们可以看到，乡村组织头目的充任者几乎都是乡村中的"富民"。宋代"以人丁物力定差，第一等户充里正，第二等户充户长，不得冒名应役"；[31]改行保甲法后，都副保正选"家赀最厚，材勇过人者"、"为众所服者"充任。[32]元代亦如此，"各都设里正、主首，后止设里正，以田及顷者充"。[33]明代里甲长选用以"丁粮多寡为序"，[34]另设有催督粮赋的粮长，"令田多者为之"。[35]清代时，保长要"精健才猷迈众"、"家道殷实，年力精健，才优迈众，素行可称者"为之。[36]这些第一、二等户、"家赀最厚，材勇过人者"、"为众所服者"、"田多者"、"家道殷实"等等限定，所指向的都是同一个群体，即"富民"阶层。这说明乡里头目身份由乡官向户役转变之后，充任乡里组织头目的基本上都是"富民"阶层。在新的赋税征收体系下，根据"有田则有赋"的原则，[37]富民因其富有又无特权，成为向国家缴纳赋税的主体。"常岁科配，尽出富室"，[38]成为宋代以后乡村赋税征收的普遍现象。以富民为乡里组织头目，面对乡村社会中常有的拖欠赋税情况，也可以暂由富民代为垫付，这对有效地实现国家在乡村中征收赋税有极大帮助。因此，以"富民"阶层充任乡里组织头目，已经体现出富民在国家控制乡村社会中的重要地位了。

从乡村治安方面来说，唐宋以后，国家不断强化对乡村民户的控制。这种控制一方面是以控制乡村民户流动和相互联保的保甲制实现,另一方面则表现为默许、认可和扶持以富民为代表的乡村宗族对宗族内部个体成员的控制。

宋代中期的保甲制,起源于管仲、商鞅的保伍法,又有所变化。神宗最初以 10 家为一保,50 家为一大保,500 家为一都保的联保方式,将乡村民户编排到保甲之中,规定:"每一大保夜轮五人警盗,凡告捕所获以赏格从事,同保犯强盗、杀人、放火、强奸、掠人、传习妖教、造畜蛊毒",若"知而不告,依律"惩处。[39]并希望通过保甲而达到"诡名、漏附皆可根括,以至请纳、和买、常平钱斛、秋夏苗税及兴调夫役、捕察私盐贼盗,皆有部分,不能欺隐"的目的。[40]到徽宗、高宗以后,以 500 家为保范围过大,改为 5 家—25 家—250 家的都保制控制乡村民户,对乡民的控制更加严密。明代中期,王阳明等地方官员在乡里里甲基础上推行"十家牌"制,也强调对乡村社会的联保治安。清代保甲,"十户立一牌头,十牌立一甲长,十甲立一保正",规定"凡甲内有盗窃、邪教、赌博、赌具、窝逃、奸拐、私铸、私销、私盐、踩麯、贩卖硝磺,并私立各色敛财聚会等事,及面生可疑之徒,责令专司查报"。[41]对乡村居民的控制涉及社会生活的方方面面,控制之严格,更甚于前代。以保甲为基础的乡村社会组织,其主要头目也是乡村中的富民。这种以保甲为基础的社会控制方式,逐步由治安控制为主转为包含赋税征收在内的全面乡村控制体系,并且呈现出对乡村控制逐渐严密的趋势,在中国古代后期的乡里组织中占据主要位置。

　　另一方面,在乡村治安控制领域,国家通常还借助乡村宗族的力量而实现乡村治安控制目的。自宋代范仲淹创办"范氏义庄"以及确定乡规族约大体范式与内容后,又经张载、二程、朱熹等儒家大师的极力推崇,乡村宗族组织和规范得到极大发展。乡村宗族以购置田产方式在乡村中设立宗族族田、义庄,用以祭祀祖先,赡济救助贫弱族人。同时建立了以家法族规和族谱等为核心的教化惩戒系统,将宗族成员的行为限定在国家法律许可的范围之内,对于违反宗族族规的成员,包括宗族成员未按时纳税应役等,宗族内部给以严厉惩处。这也符合国家控制乡村社会的目的。因此,自宋代以后,国家对乡村宗族的发展就由默认变为认可,并在一定程度上给予扶持。到清代,甚至规定族长"训诫子弟,治以家法,至于身死,亦……不当按律拟以抵偿"。[42]乡村宗族组织对族人的管理与国家控制乡村社会的目的具有一致性,因此成为宋代以后国家控制乡村社会的一个重要补充。乡村宗族组织的发展过程大致与富民阶层的崛起相当,在很大程度上二者形成交叉。事实上,广泛买田置产的乡村宗族,其主体成员本身就是富民。也就是说,以富民为代表的乡村宗族控制族人的行为,事实上也构成了古代乡村社会控制的重要组成部分。

　　从上述可知,由于富民阶层的崛起,国家控制乡村社会不得不依靠富民来实现,这既体现在国家乡里组织头目身份发生了以富民充任的转变,也体现在以富民为代表的乡村宗族对乡里族人的管理控制。因此，宋太祖说"富室连我阡陌，为国守财尔"；[43]宋代叶适称"富人者，州县之本，上下之所赖也"；[44]明清时人强调"故富家者，非独小民依命，亦国家元气所关也"。[45]这些评价，正是对富民阶层参与乡村社会控制和其在乡村社会中发挥的中坚作用的合理评价。

三

富民广泛参与国家的乡村社会控制，而不是纯粹由国家力量管控乡村，这在某种程度上体现出古代乡村控制中蕴含着向乡村治理的转变。这种转变，突出体现在富民参与乡村公共事务的建设和管理。

宋代以后，富民参与水利工程兴修的记载很多。比如宋代义乌有富民余彦诚，"用家钱百万，修废堰潴源水，遇旱岁无高下彼我，均浸之，邻里沾足"。[46]在抚州，"自唐已有千金陂，遇支而行正，然陂常溃决，绍兴间，郡有富民王其姓者，极力筑堤以捍"。[47]明清两代，绅商富户捐资修筑水利设施的举动在地方志中更是随处可见，如长江中下游圩垸水利中，"设有圩堤以资捍卫，历系民修官督"；[48]安徽南陵姚兴圩，"邑绅徐文达助银千余两"，购置田地90亩以为修圩之用；[49]江苏南汇士商捐资疏浚有关港浦；[50]直隶清苑举人王锡三"约乡人兴水利，雍寇水，溉田数千顷，工费皆己出"；[51]在江西，嘉庆年间南昌县绅张静山倡捐修建三洞圩石闸，道光年间南昌生员徐炳元等捐钱6000串重修集义圩等。[52]富民在其中或者听从地方政府号召，出钱出米，与政府一起承担起筑堤、灌溉、排水、防潮及防洪等水利工程任务，或者直接率领乡里百姓一起投入水利工程设施建设，或者直接独力完成水利工程的建设，对乡里社会经济发展作出重要贡献。

在灾荒救济方面，宋代以前，灾荒救济多是一种政府的行政行为。宋代以后，"富民"阶层开始越来越多地参与到乡村灾荒救济之中。宋代时，"岁饥，募富民出粟以给贫者"，[53]"募富民输粟，以给饿者"等记载已较为普遍。[54]明景泰六年（1455年）松江饥，"郡民董昂、赵璧各出粟四百石"。[55]明季常熟人毛晋元"岁饥则连舟载米，分给附近贫家"。[56]清康熙二十四年（1685年）岁饥，盛湖监生王濂"出米数百石，就家设局，人给五六合，历三月余"；[57]乾隆六十年（1795年），南汇缙绅周焕"于劝赈外捐赀独赈一乡，凡邻里就食，计日给钱者两阅月"，[58]如此之事不绝于地方史志记载。富民参与救济的方式多样，有输粟米、有出资、有设粥局、有以工代赈等等。除在灾荒年节的直接救济行为外，乡间社会还有为灾荒年月备粮的社仓、义仓制，这种备荒仓储制主要设立在乡村中，仓谷由民捐民守、民借民还，以民间之积蓄，济民间之缓急。这种民间备荒储备系统创建于宋，至明清越发普遍，通常是由官民合办，主要负责者为地方有声望值得民众信赖之人,一般情况下由地方绅士(也是"富民")主导,对地方备荒与救济发挥重要作用。

在地方教育上,随着科举制的发展,地方教育也在富民的推动下迅速扩展并逐步发展起来。如宋代福建兴化军本无官学,富民方仪不远万里赴京师请求建学,获准后倾产相助,族人也纷纷解囊,推动了兴化军官学的兴建;[59]徽州富民汪绍,"尝于其居之南辟义学,教授乡里子弟,曰四友堂。捐田三百亩以膳师生,学者无裹粮束脩之费,四方闻风踵至"。[60]明清时期,徽州、江南等地著姓大族、富户以各种形式支持乡村教育发展,如徽州人鲍志道,"请援扬州安定书院例,出库金增诸生膏火,自以私财白金三千两益之⋯⋯又出白金八千两自置两淮生息,以复城外之山间书院";[61]又如黟县舒大信,"修东山道院,旁置屋十余楹,为族人读书地。邑人议建书院,大信存二千四百金助之"。[62]乡间"富民"或设立学堂,延请教师教授子弟;或创立义学,支持同宗子弟读书,资助聪慧之族人子弟博取功名;或不惜千金购书藏书,以延续和传承文化;或直接支持官学兴办,出资修葺校舍,捐献学田。富民积极出资兴建私学或者资助官学,一定程度上改变了乡村教育的落后与贫瘠,促进了乡村文化教育事业的发展。

除此之外,富民阶层还在乡村道路修建、地方慈善事业、地方防护等领域中发挥作用,如前文所述鲍志道建学之外又将乡村道路"易砖为石",又"置义冢,其他诸义行甚多";[63] 又如歙县黄以正,"雍正四年(1726 年),建立盐义仓,捐资独建,一所得,邀议叙。至赈济、驰逋、助葬、定婚、施馆、掩路、设渡、修桥,数十年力行不倦"。[64]

从上述可知,富民在乡村社会公共事务中的"善行"、"义行",实际上体现出富民在乡村社会控制中已经带有一定的乡村治理因素了。所谓乡村治理,指的是一种依靠自身内在力量与外界因素协调的持续性互动,它以善治为目的,强调对乡村社会事业的利益最大化。唐宋以后国家以富民为乡村控制的主要依靠力量,在对乡村社会赋税征收和治安维持过程中,富民也通过自身的各种积极的社会经济活动为乡村社会发展谋求福利。这种行为体现出由于富民的参与,乡村社会内部具有公共性与发展性的因素,乡村社会控制也由此呈现出一定的乡村治理色彩。

尽管富民生产生活的乡里特性决定了富民为地方乡村社会谋求福利的正当性,但是在中国古代专制主义集权国家统治下,想实现社会的治理显然是不可能的,真正在乡村社会中还是以控制为主。富民产生后促使传统的乡村社会控制方式产生了一些改变,这种改变虽然巨大,却还不足以使乡村社会实现向治理的真正转变。但是,这些改变却是为近代以后的乡村治理提供了一定的借鉴。

四

近代以来，随着工业经济与城市经济的发展，尽管乡村经济的基础性地位并未改变，但在整个国家经济中的比重却呈下降趋势，乡村农业赋税在国家财政收入中的比重越来越小，从乡村社会中索取赋税的乡村控制模式已经不适应当今以发展为主题的社会形势。新世纪以来，随着中央政府对"三农"问题的重视加强和社会的进步发展，国家逐步并最终取消了征收 2000 多年的农业税，提出要建设社会主义新农村，标志着中国传统的乡村控制模式的终结和现代乡村治理模式的基本确立。

与乡村组织建设相比，中国的现代乡村治理更看重对乡村社会经济文化的全面建设。目前，以建设社会主义新农村为目标，从统筹城乡经济社会发展的需要出发，国家采取工业反哺农业、城市支持乡村和"多予少取放活"的方针，按照"生产发展、生活宽裕、乡风文明、村容整洁、管理民主"的要求，协调推进农村经济建设、文化建设和社会建设的新一轮的乡村治理已经初见成效。这主要体现在乡村道路建设、电网架设、饮水工程改造、广播电视网络建设、乡村基本医疗合作互助保障体系等诸多方面。这些建设成就的取得与国家加大对乡村社会的政策扶持密切相关。根据财政部统计，自 2003 年到 2008 年，中央财政用于支持"三农"的资金投入持续增加，从2003年的2144.2亿元激增到2008年的5955.5亿元，[65]而在税费改革前，以2004年为例，仅取消减免农业税302亿元。[66]可见国家对乡村建设的资金投入远远超过乡村向国家缴纳的农业税收。此外，还有对农村经济发展的技术支持、文化扶持也在其中发挥了重要作用。国家在加大对农村资金技术投入的同时，也不断减免农业税及其附加税，尤其是在2006年全面废除了农业税及其附加税额，乡村负担得到极大缓解，为乡村社会经济的发展建设积蓄了力量。

中国现代的乡村治理，已经与古代的乡村社会控制有着天壤之别。古代社会强调国家对乡村的统治与控制，现代社会更注重对乡村的建设与治理。尽管如此，古代乡村社会控制仍能为今天的乡村治理提供一些有益的启示。

首先，要充分认识"富民"阶层等精英分子对乡村社会的稳定发挥的重要作用。在古代乡村社会中，国家与乡村基本上处于对立状态，国家控制乡村的目的主要在于从乡村中获取统治资源，这尤其指对赋税钱粮等经济资源的占有。国家对乡村资源的无尽索取与占有，必然导致国家与乡村社会的紧张与矛盾冲突。二者的这种对立关系决定了国家与乡村始终处于一种张力之中。这种张力一旦破坏，乡村社会的治安与社会秩序就会成为影响国家统治稳定的重要因素。因此国家不得不努力加强乡村控制，加强控制到一定程度又会导致这种张力破坏，以此循环，周而复始。

富民乡村精英崛起后,富民作为国家赋税的缴纳主体,同时又是乡村地方社会力量的代表,他们在乡村社会中的行为显示出其已经成为乡村社会的中间层、稳定层与发展层。国家以依靠、利用和控制富民而实现对乡村社会的控制,将国家与乡村的对立转化为国家与富民的合作,事实上是充分认识到富民在乡村社会中的稳定性作用,通过发挥富民在乡村社会秩序中的积极性因素为国家服务,从而实现稳定乡村社会秩序的目的。这也在一定程度上显示出古代乡村控制中蕴含的乡村治理因素。这将对今天以国家为主导的乡村治理具有借鉴作用。

其次,要培育现代"富民"阶层,使其在现代乡村治理中发挥积极作用。现代乡村治理,强调通过对乡村社会的建设促进社会的全面进步发展。乡村的建设发展不能只是纯粹依靠国家财政力量的支持,外力的支持毕竟是有限度的,乡村社会要真正发展起来,依靠的中坚力量只能来自于乡村内部。通过对历史上的乡村富民分析,可以知道,富民是在古代乡村社会经济关系发生变化的基础上产生的,进而成为乡村社会的中间层、稳定层与发展层,成为国家乡村控制的主要依靠力量。这启示我们,在现代同样需要类似于古代富民的乡村中间阶层力量参与乡村治理,并在国家的政策扶持和资金技术支持下与国家力量形成良性互动,带动乡村社会内部的真正发展。

在加大对乡村富民精英培育的同时,也要加强引导。

历史上的乡村富民固然促进了地方社会的稳定与安宁,但不可否认的是,富民群体与国家既有利益存在一致性,但也存在着矛盾和对立。整个古代社会,一直存在着"富民"阶层与国家的博弈。更何况,在富民群体中也有一部分人依仗自身财富,恃强凌弱、武断乡曲,成为地方性的豪横势力。这部分豪横富民对乡里社会治安与秩序造成严重破坏,历代政府对其采取打压政策。我们应吸取历史的经验教训,在现代乡村社会治理中,既要依靠乡村精英阶层的力量,同时又要对其进行引导和管理,使之发挥积极的作用,这样才能不断推进中国乡村社会的村民自治和民主管理。

　　综上所述,在中国古代的乡村社会控制中,自唐宋以后,随着"富民"阶层的崛起,富民在乡村社会中的地位与作用越来越重要,成为国家控制乡村社会的重要依靠力量,对中国古代乡村社会秩序的稳定发挥了重要作用。在今天的乡村治理建设过程中,我们也要充分重视和培育、引导这股乡村社会内部力量,使其充分发挥出在乡村内部建设与发展中的动力作用,促进今天社会主义新农村建设的全面协调发展。

注　释

1　《汉书》卷19上《百官公卿表》。

2　《魏书》卷110《食货志》。

3　《隋书》卷2《高祖纪下》。

4　《文献通考》卷12《职役考一》。

5　《旧唐书》卷43《职官二》。

6　《文献通考》卷153《兵考五》。

7　《宋史》卷177《食货上五》。

8　《元史》卷93《食货一》。

9　《明太祖实录》卷135，洪武十四年正月。

10　《清史稿》卷95《食货一》。

11　《汉书》卷19上《百官公卿表》。

12　《魏书》卷4上《世祖纪上》。

13　《通典》卷3《食货三》。

14　《文献通考》卷12《职役考一》。

15　《明史》卷77《食货一》。

16　《明太祖实录》卷174，洪武十八年八月癸丑。

17　《管子》卷17《禁藏》。

18　《文献通考》卷12《职役考一》。

19　《汉书》卷19上《百官公卿表》。

20　《宋会要辑稿》职官48之25。

21　苏辙：《栾城集·三集》卷8《诗病五事》。

22　《通典》卷7《食货七》。

23　《通典》卷7《食货七》。

24　《通志》卷61《食货略第一》。

25　《文献通考》卷3《田赋考三》。

26　《文献通考》卷12《职役考一》。

27　《文献通考》自序。

28　《周礼正义》卷19《地官·大司徒》，卷29《地官·遂人》。

29　《通典》卷3《食货三·乡党》。

30　《文献通考》卷3《田赋考三》。

31　李焘：《续资治通鉴长编》卷35，太宗淳化五年三月甲寅。

32　《宋史》卷192《兵六》

32　《乾隆江南通志》卷67《食货志·徭役》，文渊阁四库全书本。

34　《明史》卷77《食货一》。

35　《明史》卷78《食货二》。

36　黄六鸿：《福惠全书》卷21《保甲部总论》。

37　《宋会要辑稿》食货70之102。

38　《宋会要辑稿》职官55之41。

39　《文献通考》卷153《兵考五》。

40　《续资治通鉴长编》卷246，熙宁六年八月丁丑条。

41　《清史稿》卷95《食货一》。

42　《雍正朝起居注》，五年五月初十日条。

43　王明清：《挥麈录·余话》卷1

44　叶适：《水心别集》卷2《民事下》。

45　钱士升：《定人心消乱萌疏》，载《光绪重修嘉善县志》卷31《奏疏》，光绪十八年刊本。

46　《北山集》卷15《余彦诚墓志铭》。

47　《嘉靖抚州府志》卷16《艺文录五》，赵与轑《重修千金陂记》。

48　《同治进贤县志》卷5。

49　《民国南陵县志》卷6。

50　《光绪松江府续志》卷7。

51　《同治清苑县志》卷4。

52　《同治南昌县志》卷3。

53　《宋史》卷289《高琼传附子继勋传》。

54　《宋史》卷301《张旨传》。

55　吴履震：《五茸志逸》卷7。

56　《同治苏州府志》卷99《人物二十六·常熟县》。

57　《民国盛湖志》卷9《义行》。

58　《嘉庆松江府志》卷60《古今人传十二》。

59　方大琮：《铁庵集》卷32《方氏仕谱志》。

60　程敏政：《新安文献志》卷87《行实·畈上丈人汪君传》。

61　《歙县棠樾鲍氏宣忠堂支谱》卷21《中宪大夫肯园鲍公行状》。

62　《嘉庆黟县志》卷7《人物》。

63　《歙县棠樾鲍氏宣忠堂支谱》卷21《中宪大夫肯园鲍公行状》。

64 《民国歙县志》卷9《人物》。

65 中华人民共和国财政部编：《中国财政基本情况（2008）》，第28—29页，经济科学出版社2009年。

66 转引自张晓山：《中国乡村治理结构的改革》，《管理世界》2005年第5期。

中国古代的贫富分化及政府对策

贫富问题热门而又古老。它不仅是一个关系到经济社会发展的现实问题,也是人类发展史上遭遇的一个历史性问题。从人类发展的长时段来看,贫富问题的凸显是所有国家发展历程中的必然,它始终与生产力的发展状况紧密联系在一起。贫富分化伴随着生产力的发展而产生,最终只有依靠生产力的发展才会逐渐消亡。在中国古代社会,贫富分化从私有制出现以来就一直存在。贫富分化的过程,同时也是社会经济关系和阶级关系重新整合与发展的过程。面对贫富分化日益严重的趋势,中国历代王朝不断调整政策重心和政府行为,以适应经济社会发展的需要,为处理贫富问题积累了宝贵的经验。

一 中国古代贫富分化概况

中国古代贫富分化的产生,与生产力的发展是分不开的。在生产力低下的原始社会初期,人们只有通过集体劳动、艰苦协作,才能获得仅能维持最低生存的生活资料。由于没有剩余产品,自然也不存在私有财产和个体的贫富差别。随着社会生产力的发展,私有制开始出现。私有制的产生是社会生产力发展到一定阶段的产物,它产生的物质基础是剩余产品的出现和增多。而私有制一旦确立,社会成员之间也就出现了贫富不均的现象。

私有制出现的父系氏族公社后期,是我国古代贫富分化的萌芽时期。根据考古学的研究,早在仰韶文化时期,氏族公社内部已经表现出一些贫富不均的趋向。山东大汶口文化的发掘报告显示,当时社会成员间已有明显的贫富差别。在1959年的发掘中,共发现墓葬133座,其中125座中有随葬品,其他8座墓中无任何随葬品。有随葬品的墓又分为两种,一种是用一般生产和生活用品如石锛、石铲、纺轮、陶器等随葬的,这样的墓葬有80座。此外的45座墓除用一般生产生活用品随葬外,还用玉器、象牙器等较难得到的奢侈品随葬。其中10号墓有随葬品214件,不仅包括80余件精美的陶器,还有象牙梳、象牙雕筒、玉臂环、玉指环及成串松绿石、大理石制成的头饰和颈饰。[1]可见此时的社会成员已经分化为贫富不等的群体。不过此时贫富之间的差距,主要表现为生产、生活用品和奢侈消费品之间的差别。由于社会生产力还不发达,贫富之间的差距算不上悬殊。

井田制瓦解的春秋战国时期,为我国古代贫富分化的显现时期。这一时期贫富之间的差距,开始突出地表现为土地占有和货币积累之间的差别。众所周知,中国传统社会是一个以农业为基础的社会,土地是农业社会最为重要的生产资料和财富象征。虽然父系氏族公社时期私有制已经出现,但由于国家对当时最重要的生产资料——土地实行的是公有均授的井田制,并且"田里不鬻",所以贫富的分化并不明显。春秋战国以后井田制度崩溃,使得一家一户的小农从公社组织中解放出来,成为独立的生产、生活和经济单位。这一变化极大地解放了生产力,但也使得社会的贫富差距空前加大。秦"用商鞅之法,改帝王之制,除井田,民得买卖",承认了土地买卖的合法,于是土地的兼并开始出现,"富者田连仟陌,贫者亡立锥之地",[2] 土地占有出现了严重不均的局面,贫富之间呈现出巨大的差别。东汉桓帝时,崔寔这样描述了当时贫富分化的情形:

> 上家累巨亿之赏,斥地侔封君之土,行苞苴以乱执政,养剑客以威黔首,专杀不辜,号无市死之子。生死之奉,多拟人主。故下户崎岖,无所峙足。乃父子低首,奴事富人,躬帅妻孥,为之服役。故富者席余而日炽,贫者蹑短而岁踧。[3]

为了减缓贫富分化的程度,秦汉以来各朝政府在保障自耕小农的土地方面做出了众多的努力。从西汉董仲舒提出了"限民名田,以澹不足"的限田论开始,[4] 有王莽实施的"王田制"、东汉哀帝时颁布的限田令、西晋的占田制等,但都在短暂实施后失败。经过一系列的探索,北魏太和九年(485年),终于建立起了计口授田的均田制,通过将国家能够掌握的土地分配给小农进行耕种来防止小农破产,抑制兼并,有力地减缓了贫富分化的加大趋势。

唐宋时期是我国古代贫富分化的加速时期。中唐以后,均田制有名无实,渐趋瓦解,社会生产力得到进一步的解放,贫富分化也进入了一个新的阶段,贫富之间的土地占有和货币积累的分化程度进一步加深。唐代"富者兼地数万亩,贫者无容足之居",时人已有"贫富悬绝,乃至于斯"的感叹。[5] 宋以后"不立田制"、"不抑兼并",贫富分化的发展更是愈演愈烈,呈现出"田无多少之限,民无贫富之常"的情形。[6] 宋人范镇说:"贫富之不均久矣,贫者十盖七八,何也? 力役科买之数也,非富民之多取也。"[7] 可见过去在井田、均田制下土地有保障的小农,随着田制的崩溃已经十有七八沦为贫民。正如李觏所指出的那样,国家"法制不立,土田不均,富者日长,贫者日削"。[8] 在这样剧烈的贫富分化下,贫富矛盾也急剧激化。唐宋时期的农民起义,第一次明确提出了均贫富的要求。如南唐诸佑起义要"使富者贫,贫者富",宋代王小波、李顺起义提出"均贫富"的口号,宋江起义号召"劫富济贫",钟相、杨幺起义宣称要"等贵贱、均贫富",正是这一阶段贫富分化加速发展的鲜明体现。

　　明清以后,贫富分化进一步加剧。由于生产力的发展带来社会资本总量加大,社会成员间的贫富差距也更加悬殊。受商品经济进一步发展的影响,广大的农村地区被更深地卷入到市场中,包括农民在内的社会群体广泛地进入市场中交易逐利,从而使社会财富的流转空前加快,贫富分化也因此加剧。明人陈以勤说:

　　　　百年以来,末利大炽,游惰成习,田多汙莱,数口之家,室无余蓄。重以急征横敛,愈不堪命。[9]

根据史料的记载,当时"末富居多,本富益少。富者愈富,贫者愈贫"。[10]在贫富分化中,一部分社会资本被投入到利润更高的商业中,促进这一时期商业的繁荣和徽商、晋商等大商帮的兴起。而自耕农却大量破产,沦为佃农、雇农,甚至离开赖以生存的土地,进入城市成为雇佣劳动者。明代嘉靖时,江南地区已"农无田者什有七",[11]到隆庆时,松江人何良俊称:"大抵以十分百姓言之,已六七分去农。"[12]这一时期贫民在人口中的比重也较唐宋有所发展。明代"富者百人而一,贫者十人而九"。[13]到了清代,雍正在谕旨中称当时天下"富者一而贫者百,以一人之有余欲济众人之不足,贫者何由即能成立,而富户无辜已受摧残"。[14]明代学者吕坤这样描述了当时贫富分化的景象:

富者田连阡陌，金满箱囊，饫甘餍浓，踏绣铺锦，歌儿舞女，醉月眠花，画栋雕梁，乘坚策肥。其狼籍暴殄之余，犹足以呕僮仆而饱狗彘。乃耕夫织妇，早作夜勤，祁寒暑雨，黧身枯面，枵腹攒眉，儿羸女羼，终岁苦辛如马牛，而一家衣食如乞丐。又瞽目残肢，孤儿独老，菜色鹑衣，为沟中瘠、为道边殣者，在在有之。[15]

明末李自成起义提出的"均田免粮"的口号，清代太平天国起义提出的"有田同耕，有饭同食，有衣同穿，有钱同使，无处不均匀，无人不饱暖"的纲领等，都把斗争的目标直指土地制度，不仅表达了对当时贫富分化的强烈不满，而且表达了平均土地的强烈要求，这也从一个侧面反映了当时贫富分化的新发展。

二　贫富分化本质上是经济关系和阶级关系的重新整合与发展

梳理中国传统社会贫富分化的历史，我们可以发现，中国古代贫富分化的演进历程与生产力的发展状况有着紧密的联系。中国古代每一次贫富急剧分化，都与社会生产力的大发展和社会的变革相伴随。中国传统社会有三个商品经济和生产力发展的高峰，春秋战国、唐宋和明清。每一个商品经济发展的高峰，都是贫富状况发生显著变化的时期，也是社会变革和转型的时期。可以说,贫富分化的本质,就是随着生产力的发展,社会经济关系和阶级关系重新整合与发展的过程。

春秋战国时期是我国古代的贫富分化得到显现的时期。井田制的崩溃使得小农不再是被束缚在村社中的一部分,而是成为独立的生产、生活和经济单位。由于缺少村社的保护,小农在商品经济和私有制发展的席卷下迅速分化,一部分平民迅速积累财富成为富者,而另一部分人则丧失土地和财富成为贫者。荀悦《汉纪》中说:"今豪民占田,或至数百千顷,富过王侯",[16]这些富者由于拥有大量的土地而成为地主,而丧失土地的穷人只有成为富人的依附农或部曲。在这种资源的重新组合中,封建地主制经济取代封建领主制经济,成为代表生产力发展趋势的主要生产关系。地主不是由封建领主直接转化过来,而是由小农在贫富分化的过程中形成的。《汉书·食货志》说:自秦孝公以来,"庶人之富者累巨万,而贫者食糟糠"。司马迁也指出:"自是之后,天下争于战国。贵诈力而贱仁义,先富有而后推让,故庶人之富者或累巨万,而贫者或不厌糟糠。"[17]可见,小农贫富分化的过程,也就是地主制的形成过程。秦汉以后,这批"富者"凭借大量的社会财富,下者倾乡,中者倾县,上者倾郡,成为"武断于乡曲"的豪民。[18]魏晋南北朝时期,这些豪民又从控制基层的选官权开始,进而控制整个社会的政治权力,最终演变为门阀士族。日本学者谷川道雄注意到了这一时期社会阶级关系的变化，并用"豪族共同体"这一概念来指代汉魏六朝时期乡村社会的状况，[19]得到国内外许多学者的认同和响应。

唐宋时期，贫富分化进一步发展。杨炎两税法规定"户无主客，以见居为簿；人无丁中，以贫富为差"，[20]以法律形式肯定了当时日益严重的贫富分化。宋以后"不抑兼并"，进一步承认了土地私有制的合法地位，土地的兼并和社会的贫富分化更加严重。在贫富的分化中，财富力量开始崛起，并进而对整个社会结构和经济、阶级关系产生了深远影响。唐宋统治者根据是否占有财富和占有财富的多少，将人户先分为九等，后又演变为五等。不论是九等还是五等，这种户等制度的核心依据都是财富。富人成为社会财富尤其是土地的主要占有者，又为契约租佃制主导地位的确立奠定了基础。占有大量土地财富的富民与没有土地的贫民同属一个等级，宋人胡宏就说："主户之于客户，皆齐民。"[21]由于富民只拥有财富而没有其他特权，这就决定了他们不能抑良为贱，不能靠超经济强制去剥削耕种者，而只能通过租佃契约实现对耕种者的剥削。所以，契约租佃制是富民最佳的制度选择和制度安排。随着财富力量的崛起，契约租佃制也就发展成为当时社会占主导地位的经济关系。而社会财富的不断转换，同样带来了等级制的松动。在汉唐门阀制度下，富贵一体，并且贵是富的前提和基础，有了贵也就有了一切。"五福不言贵而言富。先王之制，贵者始富,贱者不富也。"[22]然而商品经济的发展,却使"贫富贵贱,离而为四",[23]原来紧密结合在一起的贫富贵贱四个要素被打破,再重新组合。在这种分化和重新组合过程中,门阀制度逐渐消亡。唐代,曾集富贵于一身的门阀士族已"名虽著于州闾",却"身未免于贫贱"。[24]"五代以还,不崇门阀。"[25]入宋以后,"唐朝崔、卢、李、郑及城南韦、杜二家,蝉联珪组,世为显著,至本朝绝无闻人"。[26]门阀士族作为一个历史产物,在经历数百年后终于消亡。随着均田制的瓦解和租佃契约关系主导地位的确立,在地主土地上劳动的主体,已由部曲奴婢向契约佃农转变。相应地,汉唐广泛实施的良贱制度,也逐渐被户等制度所取代。

　　明清时期,商品经济的发展达到另一个高峰。随着广大农村被日益卷入商品市场,社会经济关系和阶级关系也进一步发展。这一时期租佃契约关系有了一些新的变化,永佃制和押租制开始出现并逐渐普遍化。永佃制的出现,表明佃权开始同地权分离并进入了流通领域。佃权和地权一样,可以被买卖、典当和抵押,这是私有产权进一步明晰的表现。而佃户从总体上来说也拥有了更大的流动机会,可以依靠自己的努力脱贫致富,获得社会地位的提升。"闽佃尝赤贫赁耕,往往驯至富饶。或挈家还本贯,或即本庄轮奂其居,役财自雄,比比而是。"[27]同时,受商品经济发展的影响,一部分积累了大量财富的富民,开始主动地进入市场,成为经营地主或者商人、工场主,采用雇佣关系进行生产。明代，苏州的丝纺织业中已是"机户出资，织工出力，相依为命久矣"。[28]到了清代康乾年间，更是"佣工之人，计日受值，各有常主，其无常主者，黎明立桥以待唤"。[29]这种雇佣劳动关系的日益普遍被一些学者认为是中国资本主义生产关系的萌芽，虽然这一提法有待商榷，但它无疑反映了明清时期社会经济关系的新发展。在政治领域，积累了大量财富的富民阶层更加积极地扩大自身的影响力，他们不仅越来越多地参与乡村的公共事务如救灾、修桥铺路等，对政治权力的要求也更加迫切。在科举制度的引导下，富民不断地试图通过考试进入国家政治领域，出现了鲜明的"士绅化"趋向。而富民的"士绅化"趋向，又使富民进一步实现了其社会权力和政治权力的结合，增强了其在地方社会的影响力。这一变化成为国外学者将明清定义为"士绅社会"的基础。

　　从以上分析可以看出，贫富分化本质上是经济关系和阶级关系的重新整合与发展。经济、阶级关系的整合和发展往往会带来社会的变革和转型，这在新中国的历史中同样得到了印证。新中国成立后的一段时间内，社会主义公有制和平均主义思想在社会上占据了绝对统治地位。人们不敢致富，甚至以赤贫为荣，认为"越穷越革命"。社会上也不断地"割资本主义尾巴"，对人们致富的行为予以压制。在这种情况下，社会成员之间的财富状况虽然相对平等，但整个社会经济发展远远满足不了人民的生活需要，物资匮乏,经济落后。改革开放后,"致富光荣"的口号被提出,富人和私有财产重新赢得了社会的认可。人们开始努力地追求财富,社会经济迎来了空前的发展。在贫富的分化过程中,各种社会资源加速流动和重新整合,社会经济关系和阶级关系随之变化,最终形成了我们今天以公有制为主体、多种所有制形式并存的生产资料所有制结构。这种生产关系适应了生产力的发展需要,带来了30年来令世人瞩目的中国经济奇迹,也带来了人民生活水平的整体提高。在经济的飞速发展中,伴随着"万元户"这一专有名词的出现,新的社会阶层也逐渐崛起。原有的工人阶级、农民阶级和知识分子这种两大阶级一大阶层的单一的社会结构被改变,个体、私营企业主等社会阶层不断发展壮大,成为我国社会结构的重要组成部分。经济关系和阶级关系的变化,又带来了社会的变革和转型。在社会的转型时期,经济关系和阶级关系的重构,往往会使社会矛盾相对增多。而这些矛盾一旦激化,就会成为社会的不稳定因素。中国古代社会贫富分化最严重的时候,往往也是农民起义的多发期。贫富分化的过程本身并不值得恐惧,但贫富矛盾的调解应该引起充分的重视。

三 贫富分化过程中社会中间层的形成

在社会经济关系和阶级关系的整合与发展中,唐宋以来,一个崭新的社会阶层——富民阶层崛起并迅速成为社会的中间层和稳定层,这是唐宋以来中国社会发展的重要特征。富民阶层的崛起在很大程度上改变了中国古代国家、富人和穷人之间的关系,从而对中国古代对贫富问题的认识和处理方式产生了深远的影响。随着均田制的崩溃、土地兼并的盛行,富民阶层迅速崛起。而契约租佃制作为富民阶层最佳的制度选择和制度安排,也迅速推广开来,成为占主导地位的生产关系。这使得富民阶层成为与小农的生产生活紧密相关的社会力量,成为社会经济关系和阶级关系的核心。叶适用"县官不幸而失养民之权,转归于富人"来描述这一变化,[30]即国家不再直接控制农民,而是通过富民对农民进行控制和管理。"今之农者,举非天子之农,而富人之农也。"[31]富民在经济发展和社会稳定中的作用日益重要。

在经济上,富民与小农经济及国家财政紧密地联系在一起。叶适说:

> 小民之无田者,假田于富人;得田而无以为耕,借资于富人;岁时有急,求于富人;其甚者,庸作奴婢,归于富人;游手末作,俳优伎艺,传食于富人;而又上当官输,杂出无数,吏常有非时之责无以应上命,常取具于富人。[32]

富民不仅成为小农维持生产生活必须依靠的群体,也成为国家赋税的重要承担者。离开富民,社会经济关系很难正常运行。南宋大儒朱熹也认识到了富民对于维系小农经济活动的重要作用。他说:

> 乡村小民,其间多是无田之家,须就田主讨田耕作,每至耕种耘田时节,又就田主生借谷米,及至终冬成熟,方始一并填还。佃户既赖田主给佃生借以养家活口,田主亦借佃客耕田纳租以供赡家计,二者相须,方能存立。今仰人户递相告诫,佃户不可侵犯田主,田主不可挠虐佃户。[33]

与唐宋以前地方豪族是政府调整贫富关系时的主要打击对象有着显著的不同,随着富民阶层崛起并迅速成为社会经济关系和阶级关系的核心,富民阶层逐渐转变为国家调控贫富关系时所依靠的重要力量。在对贫富关系的这种新的认识下,唐宋以后"贫富相资"的理念得到了越来越多的赞同,也成为维持社会秩序、保障社会稳定的有效手段,宋人姚勉就说:"主佃相养,贫富相资,可以弭奸,可以教睦,亦不费官也。"[34]唐宋以后的许多思想家不再主张国家要使"大贾蓄家不得豪夺吾民",[35]反而认为打击富民会影响社会和国家的稳定,从而加以反对。北宋时,范镇在反对王安石变法对富人的打压时就说:

贫富之不均久矣,贫者十盖七八,何也? 力役科买
之数也,非富民之多取也。富者才二三,既榷其利,又
责其保任下户,下户逃则于富者取偿。是促富者使贫
也,贫者既已贫矣,又促富者使贫,万一契丹渝盟,秉常
盗边,驱贫民与之守御,岂不殆哉?[36]

司马光也表示出了同样的忧虑,他在批评青苗法、保甲法使
贫富相兼、共为保甲,导致富民破产时说:

贫者既尽,富者亦贫。臣恐十年之外,富者无几何
矣。富者既尽,若不幸国家有边隅之警,兴师动众,凡
粟帛军须之费,将从谁取之?[37]

明代陆深在论及江南放债一事时也说:

富者贫之母。贫者一旦有缓急,必资于富;而富者
以岁月取赢,要在有司者处之得其道耳。只依今律例
子母之说而行,各为其主张,不使有偏,亦是救荒一策。
正如人有两手,贫富犹左右手也,养右以助左,足以便
事。一等好功名官府,往往严禁放债之家,譬如戕右以
助左,则为废人矣。[38]

顾清也打比方说:

　　　　天之生人,其不齐久矣。人之有贫富,犹其指之有
　　　短长。贫富之相资,犹大小指之相为用也。今嫉人之
　　　富者而割以资贫,是犹截指之长者以续短。长者则受
　　　病矣,短者果可续之而使长乎?[39]

王夫之也把损富济贫看作"犹割肥人之肉,置瘠人之身,瘠
者不能受之以肥,而肥者毙矣"。[40]这正是在充分认识到富
民阶层作为社会中间层的重大作用这一基础上,对贫富关
系的新认识。

　　在政治上,富民阶层是国家统治的重要基础。这突出
地表现在富民成为国家对乡村实施统治的重要力量。中唐
以来,传统中国社会的乡里制度逐渐发生变革,基层社会头
目的选拔由乡官制变为职役制。宋代以后,从充当乡村社
会头目的人来看,基本上都是社会中的富民。宋太宗淳化
五年(994年)诏令:

　　　　两京、诸道州府军监管内县,自今每岁以人丁物力
　　　定差,第一等户充里正,第二等户充户长,不得冒名
　　　应役。[41]

保甲制也对担任相应职事人员的标准作了规定,充任小保
长须是主户中"有才干、心力者",充任大保长须是主户中
"最有心力及物力最高者",充任保正副者须是主户中"最

有行止、心力材勇为众所伏及物力最高者"。[42]到了明代初期,统治者推行粮长制,由粮长专督一乡赋税,同时与里甲制相结合管理乡村,而充当粮长者也完全是富民。粮长制废弛以后,明清在乡里的组织设置为保甲制,保甲的负责人也大多是富民。日本学者柳田节子曾经指出:户等在宋代不仅与两税、职役有关,而且很多重要经济活动,都与户等问题紧密地联系在一起,"宋王朝对农民的统治是以户等为媒介而实现"。[43]宋代以后,朱元璋所说的"以良民治良民",正是依靠户等高的富民对基层社会进行管理,维护社会稳定。富民阶层成为乡村社会头目的主要担任者,说明至迟在宋代,富民作为国家对乡村实施控制的主要力量这样一种统治格局已基本稳定下来。

唐宋以后富民阶层的存在,对社会的稳定和发展起到了至关重要的作用。首先,富民阶层是社会稳定的维护者。作为没有政治特权的编户齐民,富民的致富主要是靠自身的努力和才干。大多数富民能够白手起家,得益于社会稳定带来的良好经济环境。富民为了保护自己的财产,也希望能有完善的法律制度和稳定的社会秩序,而不希望动乱。因此,富民会在生活中注意缓和社会矛盾,维护社会秩序的稳定。《袁氏世范》中论述富家招致盗匪的原因时说:

　　劫盗虽小人之雄,亦自有识见。如富人平时不刻剥,又能乐施,又能种种方便,当兵火扰攘之际犹得保

全,至不忍焚掠污辱者多,盗所快意于劫杀之家,多是
积恶之人。富家各宜自省。[44]

富民阶层是社会稳定的受益者,出于维护自身利益和进一
步发展的需要,他们自然也就成为社会秩序的维护者,并努
力促进经济和社会的稳定发展,成为社会的"稳压器"和
"调节器"。

其次,富民阶层是经济进步的推动力量。一方面表现
在富人的致富行为对社会具有示范效应,另一方面也表现
在富人的财富能够转化为生产发展和技术革新的资本,从
而成为社会进步的推动力量。唐宋以后,农村中出现了大
量的专业户,如"茶户"、"桑户"、"橘园户"、"糖霜户"等,
这些人基本都是乡村中的富民。这些专业户的一个基本特
征就是面向市场进行商业性农副业的生产。富民的经济行
为在乡村中具有极大的号召性和示范性,使得唐宋以来的
乡村中逐利之风盛行,推动了乡村经济市场化的进程。在
中国古代社会,农业是社会经济的主要组成部分。随着人
口的增多,农业的发展必然要由粗放经营走向精耕细作等
内涵式发展的道路。内涵式发展意味着需要更好的施肥作
业、田间管理以及更好的生产设施和工具技术,这也就意味
着更多的投入。在农业生产的精耕细作成为经济发展的必
由之路的背景下,富民阶层的出现能够加大对农业生产的
投入,也就因此成为农村经济发展的重要推动力。宋代苏

轼曾说:

> 曷尝观于富人之稼乎?其田美而多,其食足而有
> 余。其田美而多,则可以更休,而地力得完;其食足而
> 有余,则种之常不后时,而敛之常及其熟。故富人之稼
> 常美,少秕而多实,久藏而不腐。今吾十口之家,而共
> 百亩之田,寸寸而取之,日夜以望之,锄耰铚艾相寻于
> 其上者如鱼鳞,而地力竭矣;种之常不及时,而敛之常
> 不待其熟,此岂能复有美稼哉?[45]

为什么富民的庄稼长得比穷人家的好?因为他们有实力,
能够采取休耕等精耕细作的生产方式,能够提供农业投入,
保全地力,提高产量。明代的一则史料也讲到:

> 盖贫民种田,牛力粪草不时有,塘池不能浚而深,
> 堤坝不能筑而固,一遇水旱则付之天而已矣。今富室
> 于此等则力能豫为,故非大水旱,未有不收成者。[46]

可见唐宋以后,富民的经济实力已经成为促进经济发展的
重要力量。

正是因为富民阶层在社会稳定和经济发展中的重要作
用,中国古代政府对富民给予了充分的重视。苏辙在谈到
富民的作用时说:"州县赖之以为强,国家恃之以为固",[47]

叶适更是认为:"富人者,州县之本,上下之所赖也。"[48]到了明清时期,富民作为社会中间阶层的作用得到了进一步的认识,明人钱士升说:"故富家者,非独小民倚命,亦国家元气所关也。"[49]王夫之也强调:"大贾富民者,国之司命也。"[50]所以,贫富分化的过程中要重视对社会中间层的培育,充分发挥社会中间层的作用。

改革开放以来,随着贫富分化的加剧,社会上的贫富矛盾越来越激烈。声讨富人"原罪",要求均贫富的思潮再一次出现,引起了新一轮的"仇富"之争。其实,贫富矛盾的增多并不是因为社会的富人太多,而恰恰是因为富人太少,不能充分发挥社会中间层的作用。社会主义的目标应该是"共同富裕",而不是在"均贫富"口号下的共同贫穷。新中国成立后,我们经历了平均主义大锅饭的阶段,非但没有达到平均贫富的目的,反而使整个国家和人民生活陷入了困顿。这是值得我们反思的惨痛教训。在现阶段,仇视富人,要求"均贫富",不仅不能解决贫富分化的问题,反而容易激化贫富差距带来的社会矛盾。邓小平同志指出,贫穷不是社会主义,"中国解决所有问题的关键是要靠自己的发展"。[51]只有在发展中解决贫富分化,大力发展生产力,消除贫困,同时着力培育社会的中间层,使大家都富起来,富人越来越多,穷人越来越少,促使整个社会的结构由金字塔形向橄榄形转变,才能达到社会的稳定和发展。

四　中国古代政府关于贫富分化的对策

唐宋时期,随着社会生产力及商品经济的发展所带来的社会经济、阶级关系的调整日益频繁,贫富分化在大多数人看来已经是一件很自然的事情。洪适在《容斋随笔》中提到当时社会的变化,其中专门有"贫富习常"一条。他记载了小时候一个长辈说的一段话:

> 富人有子不自乳,而使人弃其子而乳之;贫人有子不得乳,而弃子以乳他人之子。富人懒行,而使人肩舆;贫人不得自行,而又肩舆人。是皆习以为常而不察之也。[52]

可见贫富分化在当时已被大多数人认为是社会发展中的正常现象。

国家关于贫富分化的对策,也相应地进行了调整。宋人黄履翁对前代政府处理贫富关系的政策反思道:"愚观历代所立之制,封疆非不正也,贫富非不等也,然往往夺富与贫,民不相安,改旧从新,势或不便者多矣。"[53] 为了更好地处理贫富关系,适应经济社会的发展,大体以唐宋为界,中国古代政府关于贫富分化的对策体现出以下发展趋势。

（一）从夺富予贫到安富恤贫，从追求结果的均平到保障机会的均平。

唐宋以前,中国古代对贫富分化的调控重心在于通过行政干预来实现夺富予贫,《管子》里就说:"夫富能夺,贫能予,乃可以为天下。"[54]在这种思想的影响下,唐宋以前的政府致力于通过国家权力来调节贫富双方的财富分配。在具体措施上,主要是把国家掌握的部分土地,以各种形式分给无地或少地的农民使用,实现土地的相对平均。如汉魏时期的假民耕垦、屯田,北魏到隋、唐的均田等。同时打击豪强,摧抑兼并。但唐宋以后,这种均贫富的思想遭到了普遍质疑和反对。社会舆论转而希望国家能够讲求实务而不务虚名,将调控重心转移到"安富恤贫"上来,"夫安富恤贫,王者之政也"。[55]宋代以后,各朝政府对"兼并者不复追正,贫弱者不复田业",[56]逐渐减少用政权的强制力量去消除贫富分化,而改为以缓和贫富矛盾为重心。在具体措施上,从两税法的颁布开始,中国传统社会调整贫富关系的政策开始以均赋役、济贫弱为主。"昔圣王行仁政,必以均贫富分井授田为急,后世井田之制猝难行而因议为均田、限田之法。今均田、限田亦难骤行,而惟均其田赋,又何不可之?"[57]唐宋以后的变法,如王安石变法中的方田均税法、南宋经界法、明代的一条鞭法、清代的摊丁入亩等,主要目的都是防止因赋税不均导致民不相安。

同时,救济贫弱也越来越引起政府的重视,唐宋以后,救荒的措施和机构都较以前有显著增加,宋代"病者则有施药局,童幼不能自育者则有慈幼局,贫而无依者则有养济院,死而无殓者则有漏泽园",[58]形成了包括生老病死的一整套完善的福利救济制度,此后如元代的济众院、养济院、惠民药局,明清的养济院、栖流所等,都是救济贫弱的专门机构。救荒的专门书籍在唐宋以后也开始出现,如宋代董煟的《救荒活民书》、明代朱橚的《救荒本草》等。清人俞森编纂的《荒政丛书》,是中国古代救荒书籍的集大成者。

此外,唐宋以后的政府关于贫富分化政策的调整也经历了一个由追求结果的均等到保障机会的均等的转变。贫富分化是生产力发展的必然结果,它并不是一件可怕的事情。贫富的固化才可怕,因为它会从根本上遏制社会发展的活力。唐宋以后,政府在保障机会均等上做出了许多努力。这些努力的最主要表现,就是改革科举制度,保障社会垂直流动畅通。唐代对科举制进行了改造,设明经、进士等科,扩大了科举的取士范围。宋代为保障选拔考试的公正性,又设立了糊名、锁院等制度。明清时期的八股文虽然历来为人们所诟病,但它其实是一种考试答案的标准化,在当时的社会条件下,一定程度上有效保障了评分的可操作性和公正性。唐宋以后通过对科举制度的完善,保障社会各阶层都尽可能享有均等的流动机会,让有能力者可以通过自己的努力实现由穷至富、由下而上的流动,而无能者由富转穷、由上而下,被有能者取代,"官无常贵,民无终贱,有能则举之,无能则下之",[59]从而预防社会阶层的固化和阶级对立,并形成有效的竞争激励机制,激发社会活力,促进社会的发展。

（二）政府引导"贫富相资"，促进社会和谐和稳定。

财富力量作为一种重要的民间力量,既是贫富分化的结果,又通过其兼并行为,对贫富的进一步分化起到推动作用。换言之,它犹如一把双刃剑,既可以成为贫富矛盾的激化者,又可以成为社会的中间层和稳定层。在这种情况下,政府如何对民间财富力量进行引导,使其在贫富关系的发展上发挥积极作用而不是消极作用,就成为摆在政府面前的重要问题。唐宋以前,政府为了和富商大贾争夺农业人口和赋税来源,使"大贾蓄家不得豪夺吾民",往往对地主和大商人实施打压政策,如汉高祖刘邦就下令"贾人不得衣丝乘车,重租税以困辱之",[60]汉武帝时设平准调节物价,令"大农诸官尽笼天下之货物,贵则卖之,贱则买之。如此,富商大贾亡所牟大利,则反本,而万物不得腾跃",[61]从而防止商人获取巨额利润,保障贫民不受盘剥;又推行"算缗"、"告缗"政策,对商人征收巨额的营业税和财产税,导致商人大量破产;颁布限田令禁止商人占田,"贾人有市籍及家属,皆无得名田,以便农。敢犯令,没入田货"。[62]明初朱元璋刚即位时也发布贱商令,"立法多右贫抑富",[63]试图通过打击富人来防止贫富差距扩大。但这些措施并未遏制住财富力量崛起的趋势,"法律贱商人,商人已富贵",[64]反而激化了社会矛盾,使得"民不相安"。

唐宋以后,由于富民阶层崛起并迅速成为社会的中间层和稳定层,富民在调节贫富矛盾中的作用逐渐受到重视,国家开始积极引导富民在稳定社会秩序、缓和贫富矛盾方面发挥作用。这突出地体现为政府在"贫富相资"这一认识下,通过劝分使富民成为灾荒救济的重要主体。唐宋以后的灾荒救济中,劝分即劝诱富民出资出力对贫困群体实施救济,成为一种重要的手段。宋人尤袤甚至说:"救荒之政,莫急于劝分。"[65]黄震也说:"照对救荒之策,惟有劝分。劝分者,劝富室以惠小民,损有余以补不足,天道也,国法也,富者种德,贫者感恩,乡井盛事也。"[66]唐宋以后的政府对富民参与灾荒救济建立了诸多激励机制,以爵位、官职、免役、旌表等条件为鼓励,号召富民、士人、商贾等有力之家将储积的粮食拿出来赈济、赈贷和赈粜灾民。宋太宗淳化年间,"募富民出粟千石济饥民者,爵公士阶陪戎副尉,千石以上选加之,万石乃至太祝、殿直"。[67]高宗绍兴元年(1131 年):

　　五月十四日,诏诸路见今米价踊贵,细民阙食,令州军将常平仓见在米,量度出粜,仍广行劝诱富家将原粜米谷具数置历出粜,州委通判,县委令、佐,如粜及三千石以上之人,与守阙进义副尉,六千石以上进武副尉,九千石以上与下班祗应,一万二千石以上进义校尉,一万五千石以上进武校尉,二万以上取旨优异推恩,如已有官荫不愿补授名目,当比类施行。[68]

明嘉靖二年(1523年):

> (户部)请于被灾地方,军民有出粟千石赈饥者,有司建坊旌之,仍给冠带。有出粟借贷者,官为籍记,候年丰加息偿之,不愿偿者,听照近例;准银二十两者,授冠带、义民;三十两者,授正九品散官;四十两授正八品,五十两授正七品,各免本身杂差。仍禁有司强逼及饥民挟骗等弊。[69]

此外,在政府的引导下,明清以民间力量为主体的善堂善会组织,如同善会、育婴堂、普济堂、义赈会等,逐渐兴起,反映出民间财富力量在救济贫弱中扮演了越来越重要的角色。富民在贫富关系中发挥积极作用,与政府给予了民间财富力量足够的发展空间,并在制度上对其回馈社会实施了合理引导是分不开的。

这些举措对今天有着宝贵的启示。贫富矛盾出现的主要原因是发展不足,因此对于政府而言,不应该把主要精力放在徒劳无功地试图强制消灭贫富差距上,而应该在适当控制贫富差距的同时,把政策调控的重心放到"安富恤贫"

甚至"促富恤贫"上。在充分保护富人和大力培育富人的基础上,大力加强对弱势群体的关注,采取有力措施消弭贫富矛盾,为社会的稳定和进步创造良好的环境。大体说来,这要求政府一是要加强制度建设,促进公平竞争和机会均等,消除流动壁垒,保障社会流动机制的畅通,让所有人都可以通过自己的努力实现自身地位的转换;二是要大力加强社会保障,加大对低收入阶层的扶持,使社会弱势群体能够享有最低的生活保障,并帮助他们能够在大致相等的起点上与其他人公平竞争;三是要颁布有效政策,建立合理的机制引导富人回馈社会,贫富相资,从而缓和社会矛盾,促进社会进步。

从中国古代贫富关系的发展历程可以看出,贫富分化与社会生产力的发展状况有着紧密的联系。在私有制存在和社会生产力有限的情况下,贫富问题绝不会消失,而且将在很长一段历史时期内继续存在。贫富分化并不是洪水猛兽,其本质上是经济关系和阶级关系重新整合和发展、社会资源不断流动和优化配置的必然产物。贫富问题从根本上来说是社会生产力问题。只有坚持在发展中解决贫富分化,大力加强经济建设,让社会成员都富起来,能更加普惠性地享受到经济社会发展的成果,同时努力培育社会中间阶层,采取有效措施缓和贫富矛盾,才能使贫富问题最终得到解决,实现社会的和谐与发展。

注　释

1　《大汶口:新石器时代墓葬发掘报告》,第8—9页,文物出版社1974年。

2　《汉书》卷24上《食货志第四》。

3　《通典》卷1《田制上》引《政论》。

4　《汉书》卷24上《食货志第四》。

5　陆贽:《均节赋税恤百姓六条》,《全唐文》卷465。

6　李常:《上神宗论青苗》,《宋名臣奏议》卷113《新法五》。

7　范镇:《上神宗论新法》,《宋名臣奏议》卷111《新法三》。

8　李觏:《旴江集》卷19《平土书》。

9　张萱:《西园闻见录》卷32《劝农》,明文书局1991年。

10　顾炎武:《天下郡国利病书》卷32引《歙县风土论》。

11　《嘉靖江阴县志·风俗记第三》,上海古籍书店1963年。

12　何良俊:《四友斋丛说》卷13《史九》,中华书局1997年。

13　顾炎武:《天下郡国利病书》卷32引《歙县风土论》。

14　《世宗宪皇帝上谕内阁》卷79,雍正七年三月上谕三十道。

15　吕坤:《去伪斋集》卷2《辩洪主事参疏公本》。

16　荀悦:《前汉纪》卷8《孝文二》。

17　《史记》卷30《平准书第八》。

18　《汉书》卷24上《食货志第四》。

19　谷川道雄:《中国中世社会与共同体》,中华书局2002年。

20　刘昫:《旧唐书》卷118《杨炎传》。

21　胡宏:《五峰集》卷2《与刘信叔书》。

22　王应麟:《困学纪闻》卷2。

23　王应麟:《困学纪闻》卷2。

24　《唐大诏令集》卷110《诫励氏族婚姻诏》。

25　王应麟:《少室山房笔丛》卷23《华阳博议下》。

26　王明清:《挥麈前录》卷2。

27　魏礼:《魏季子文集》卷8《与李邑侯书》。

28　《明神宗实录》卷361,万历二十九年七月丁未。

29　沈德潜:《乾隆元和县志》卷10《风俗》。

30　叶适:《水心别集》卷2《民事下》。

31　苏辙:《栾城集·应诏集》卷2《进策五道·第二道》。

32　叶适:《水心别集》卷2《民事下》。

33　朱熹:《晦庵集》卷100《劝农文》。

34　姚勉:《雪坡集》卷2《庚申封事》。

35　《管子》卷23《国蓄》。

36　范镇:《上神宗论新法》,《宋名臣奏议》卷111。

37　司马光:《传家集》卷44《乞罢条例司常平使疏》。

38　陆深:《俨山外集》卷4《河汾燕闲录》。

39　顾清:《东江家藏集》卷39《回吴巡抚禁戢家人书》。

40　王夫之:《宋论》卷12《光宗》。

41　《续资治通鉴长编》卷35,淳化五年三月戊辰。

42　《宋会要辑稿》兵2之5。

43　柳田节子:《宋代乡村的户等制》,载《日本学者研究中国史论著选译》第五卷,中华
　　书局1993年。

44　袁采:《袁氏世范》卷下《刻剥招盗之由》。

45　苏轼:《苏东坡全集·前集》卷23《杂说》。

46　顾炎武:《天下郡国利病书》卷14引万历《上元县志》。

47　苏辙:《栾城集·三集》卷8《诗病五事》。

48　叶适:《水心别集》卷2《民事下》。

49　钱士升:《定人心消乱萌疏》,载光绪《重修嘉善县志》卷31《奏疏》,光绪十八年
　　刊本。

50　王夫之:《黄书·大正第六》,台北广文书局2010年。

51　《邓小平文选》第3卷《思想更解放一些,改革的步子更快一些》,第265页,人民出
　　版社1993年。

52　洪迈:《容斋随笔·五笔》卷5《贫富习常》。

53　黄履翁:《古今源流至论》别集卷10《田制》。

54　《管子》卷23《揆度》。

55　真德秀:《西山文集》卷3《直前奏札一》。

56　《文献通考》卷3《田赋三》。

57　胡世宁:《贡赋之常肤见》,《名臣经济录》卷20《户部》。

58　周密:《武林旧事》卷6《骄民》,中国商业出版社1982年。

59　《墨子》卷2《尚贤上第八》。

60　《史记》卷30《平准书》。

61　《汉书》卷24下《食货志第四》。

62　《史记》卷30《平准书》。

63　《明史》卷77《食货一》。

64　《汉书》卷24上《食货志第四》。

65　《文献通考》卷26《国用四》,中华书局1986年。

66　黄震:《黄氏日抄》卷78《四月初十三日到州请上户后再谕上户榜》。

67　《续资治通鉴长编》卷36,淳化五年九月"是月"条。

68　《宋会要辑稿》食货68之56。

69　《明世宗实录》,嘉靖二年九月甲午。

从历史发展看云南国际大市场的构建

21世纪,中国发展的一大根本问题是解决由来已久的东西部社会经济发展不平衡。为此,党中央提出了西部大开发战略。在西部大开发中,西部省区国际大市场的构建是一个核心的问题。江泽民同志指出:"在发展社会主义市场经济的条件下,加快开发西部地区,要有新的思路。要适应建立社会主义市场经济体制的要求和新的对外开放环境,充分考虑国内外市场需求的新变化,用市场经济的办法,按客观经济规律办事。"[1]

构建西部省区国际大市场,固然需要我们准确把握当今国际、国内经济特别是市场发展的特点和趋势,但认真审视历史,也许同样能给人们一番启示。因为,今天毕竟是历史的延续和发展。

有鉴于此,本文拟对历史时期云南的市场和外贸发展历程作一重新分析,并据此提出构建21世纪云南国际大市场的一些思路及建议,希望能对今天的西部大开发有所裨益。

一

云南与东南亚、南亚许多国家和地区山水相连。特殊的地缘关系决定了双方很早就有密切的经济联系。目前，文献记载和考古发现均证实了这一点。但是，对这种经济联系的程度，我们认为，迄今为止仍为学术界大大低估。这是长期影响人们认识云南历史发展的一个根本问题，甚至可以说是一个历史观的问题。即我们站在什么样的高度、从什么样的角度看待云南历史的发展。

回溯数千年云南历史的发展，我们可以看到一个极为明显的事实：东南亚、南亚的海贝很早就源源不绝地流入云南，长期作为主要货币流通。

关于云南流通东南亚、南亚海贝的记载，最早见于唐代。《新唐书·南诏传》说："以缯帛及贝市易。贝之大若指，十六枚为一觅。"但这并不等于说至唐代云南才开始以海贝作货币。20 世纪五六十年代以来，在云南晋宁石寨山、江川李家山等地春秋战国的墓葬中相继发现大量海贝。数量之大，较为罕见。经鉴定，这些海贝来自东南亚、南亚国家和地区，特别是印度洋的马尔代夫群岛。这与《马可波罗游记》所记"亦用前述之海贝，然非本地所出，而来自印度"完全一致。它们是通过云南通往东南亚、南亚的交通线源源不绝地输入云南的。

关于云南使用贝币的源头,明清以来有很多学者认为是源于上古三代中国中原内地的用贝。其实,这二者根本没有任何关系。我们知道,东南亚、南亚国家和地区长期使用海贝作货币。将云南的贝币与之作对比,会发现双方具有很多共性。元《混一方舆胜览》中"云南行省"说:

> 交易用贝,贝俗呼作。以一为庄,四庄为手,四手为苗,五苗为索,虽租赋亦用之。

《瀛涯胜览》"傍葛剌国"条也记载:

> 国王发铸银钱名曰倘贝,殆仿自天竺国。其贝子计算之法,以一为庄,四庄为手,四手为苗,五苗为索。

云南和印度以及东南亚一些国家的贝币计数进位方法完全相同,这并非巧合,而是有着历史的必然性,说明它们同属一个货币流通系统。

这又说明什么问题呢?货币是经济发展的集中体现。双方数千年流通同一种货币,说明它们同属一个市场圈,构成一个完整的区域市场。双方经济联系的程度,应提升到这样的高度来认识。否则,就无法解释这一经济现象。从区域市场发展的角度来看,海贝既然在东南亚、南亚是货币,那么,从它流入云南的那天起,主要就应是作为货币使用的。照此看来,春秋战国墓中的海贝当是货币。

特别要说明的是,云南与东南亚、南亚的通道,人们多称为"丝绸之路"。我们认为,与其称为"丝绸之路",倒不如说是一条"贝币之路"更为准确。

西南地区经云南腹地很早就有通往东南亚、南亚的交通线。《史记·西南夷列传》记载:

> 西汉元狩元年(公元前122年),博望侯张骞使大夏来,言居大夏时,见蜀布、邛竹杖,使问所从来,曰:从东南身毒国,可数千里,得蜀贾人市。或闻邛西可二千里有身毒国。骞因盛言,大夏在汉西南,慕中国,患匈奴隔其道,诚通蜀身毒国道便近,有利无害。于是,天子乃令王然于、柏始昌、吕越人等,使间出西夷西,指求身毒国。

根据这一记载,联系我国北方的对外通道被称为"丝绸之路",许多学者将西南地区经过云南腹地通向东南亚、南亚的交通通道称为"西南丝绸之路"或"南方陆上丝绸之路"。但是,这些通往东南亚、南亚的交通线上有无丝绸流动还是一个问题,因为上引史料中提到的"蜀布"并不就等于"丝绸"。可见,上述通道被称为"丝绸之路",更主要的是受"北方丝绸之路"这一概念影响的缘故。也就是说,人们是从西北陆上丝绸之路的既有事实出发,很大程度上主观地将西南经云南腹地的对外通道定义为"丝绸之路"。

　　众所周知,"丝绸之路"是德国地理学家李希霍芬许久以前提出的一个概念,逐渐为学术界所接受和认同。它主要指我国古代西北陆上的对外通道。从中外学者的论述来看,大家之所以一致地将这条通道称为"丝绸之路",当是因为:第一,丝绸的流动持续时间较长,规模较大,对其他商品的流动具有决定性的影响;第二,丝绸作为最大宗的商品,对中外各国社会经济的发展影响甚大;第三,与此密切相关,丝绸成为联系中外关系的桥梁和纽带。由此看来,要准确地确定一条对外通道的名称,关键在于看通道上何种商品流通时间最长、规模最大,以及其对中外社会经济发展所产生的影响和它是否成为联系中外关系的桥梁和纽带。以此标准来衡量西南经云南腹地的对外通道,在很长的历史时期,云南及西南输往国外的商品主要为一些土特产品,而东南亚和南亚输往云南及西南的商品多为珠宝、玉石等贵重物品;只是到了清代后期和近代,生丝一度才有大量的流通。因此,称这条通道为"丝绸之路"显然不妥。

　　与丝绸的流通稀少形成鲜明对比,在西南经云南腹地通向东南亚、南亚的对外通道上,东南亚、南亚的海贝很早就大量流入云南,目前已在云南全省范围有大批考古发现。仅 1955—1960 年,在晋宁石寨山古墓中就出土了 14.9 万多枚海贝,总重 400 余公斤。1972 年,在江川李家山古墓中,又发现海贝约 11.2 万多枚,总重 300 余公斤。据考古学年代测定,这些古墓的年代为春秋战国至西汉。因此,海贝流入的时间必在此时或在此之前。此后,历汉晋、南北朝、隋、唐、宋、元、明及清初,海贝源源不断地大量流入。可见,海贝流入的持续时间长,规模大。这些大批流入的海贝,从春秋战国直至明清之际云南"废贝行钱",一直作为云南主要的法定货币,流通使用 2000 余年,可谓对社会经济发展影响甚大。毫无疑问,海贝在古代一直是流动于西南经云南腹地通向东南亚、南亚交通线上的最为大宗的商品,并且是充当货币的特殊商品,起到了桥梁和纽带的作用。因此,与其将这条通道称为"丝绸之路",还不如称为"贝币之路",这更接近历史事实,也更为科学和准确。

云南和东南亚、南亚的贝币,不仅来源、种类相同,而且计数单位也完全一致,这充分说明它们是一个文化系统。马克思曾经指出,货币是社会经济发展最集中的反映和重要标志,有什么样的交换水平,就有什么样的货币形态。云南长期流通来自东南亚、南亚的贝币,说明云南与东南亚、南亚在相当长的历史时期内是一个完整的区域市场,具有社会经济发展的一体化特征。

或曰:将历史上的云南与东南亚、南亚国家和地区看成是一个区域市场,这是不是高估了双方经济联系的程度?我认为,这并没有高估。长期以来,人们之所以没有从区域市场高度看待这些地区的关系,主要是因为对古代世界发展的整体性联系缺乏足够的认识。现今越来越多的研究表明,古代世界是由无数个经济圈构成的经济发展整体。其中,我国云南与东南亚、南亚应是一个市场圈。"贝币之路"的存在就说明了这一点。

二

市场离不开贸易。既然云南与东南亚、南亚国家和地区是一个完整的区域市场,那么,双方就有频繁的贸易关系。

历史的发展正是这样。云南与东南亚、南亚国家和地区很早就有了贸易往来。先秦时期,通过蜀身毒道等交通线,东南亚、南亚的海贝、琉璃等物品被贩运到云南许多地区。汉晋时期,这种贸易持续不断。据《后汉书·西南夷列传》和《华阳国志·南中志》等书的记载,产于印度、缅甸一带的琉璃、翡翠、光珠和犀象等物品大量地输入云南的永昌城。唐宋时期,由于南诏、大理政权与中原王朝或时有战事,或联系不甚紧密,云南与东南亚、南亚的贸易有所发展和加强。东南亚和南亚的一些国家不断有人到云南进行贸易,以致云南出现了数个较为发达的对外贸易城市。如银生城,"又南有婆罗门、波斯、婆、勃泥、昆仑数种。外通交易之处,多诸珍宝,以黄金、麝香为贵货"。[2]明清时期,双方的贸易关系达到了古代的最高点。以云南与缅甸的贸易来说,由于双方商贸往来频繁,出现了商贾"充塞路衢"的情况。到清代乾隆年间，云南"腾越州和须乡一带民人，向在缅甸地方贸易者甚多"。³云南与其他国家和地区的贸易也有类似的发展。

　　但在清中叶以前，这种贸易还是一种双方区域内的调剂贸易。虽有商人往来，但多为边民互市。即使是商人贸易，也以双方土特产品为主，是一种区域市场内互通有无的低层次经济交往。近代以后，这种情况发生了根本的改变。云南与东南亚、南亚国家和地区的贸易成为一种经东南亚、南亚国家和地区而直接进入世界贸易体系的高层次贸易。在贸易发展的推动下，云南出现了许多著名的商帮，如鹤庆帮、腾冲帮等。这些商帮不仅在云南活动，而且在东南亚、南亚、香港等地广设商号，从事与国际贸易直接相关的贸易活动。如果没有贸易的这种变化和发展，就不可能有云南商帮的兴起和繁盛。

　　这一时期贸易的变化和特点，可从主要的进出口商品上明显地看出。云南出口的主要商品有大锡、生丝、皮革、猪鬃、药材、茶叶等。以大锡来说，"除当地及本省锡匠消费极少数量，用以制造花瓶、烛台、碟、盘等器皿外，则几全部运出云南，其中少数转口至国内各港埠，大部销至国外市场"。⁴云南进口的商品主要有棉纱、汽油、煤油、柴油、香烟、人造靛、发电机、电动机等机器以及车辆和零件等。这些商品除少数来自东南亚、南亚国家外，大多产于西方资本主义国家，经东南亚、南亚国家和地区转口输入云南。显然,双方的贸易已发展成一种面向国际市场的大规模远程贸易。这种贸易一开始就是与世界市场的发展互为一体的。

不同的贸易对云南经济发展产生了不同的影响。古代,虽然对外贸易对云南社会经济的发展产生了一些影响,但总的说来,对社会经济发展的拉动作用较为有限。近代以来,在对外贸易不断发展的刺激下,农产品商品化日益发展,商业繁荣,原来封闭的自然经济逐渐解体,经济发展呈现出新的面貌;近代工矿业和金融业得到较大程度发展;山区和边疆民族地区经济开发步伐明显加快。同时,云南与周边省区的经济联系也达到历史最高水平。云南社会经济取得了前所未有的长足发展,整个社会发生了最为深刻的变化。

由于双方贸易的这样一种发展,近代以来,云南与东南亚、南亚国家和地区的市场联系程度更高。虽然这是伴随着西方资本主义国家对云南的经济侵略而来的,给云南带来了极其深痛的灾难,但从经济发展的角度看,市场关系毕竟大大向前发展了一步。也就是说,双方的市场整合程度达到了一个更高的层次。东南亚、南亚国家和地区的货币,如印度卢比、越南纸币以及西方资本主义国家的美元、法郎、马克等,都进入云南流通,云南被称为"世界钱币博物馆"。货币的流通再一次说明云南与东南亚、南亚国家和地区是一个有着紧密联系的区域市场。

三

历史发展到今天,情况已与古代和近代有着根本的不同。但从市场发展的角度看,决定云南与东南亚、南亚国家和地区成为一个区域市场的主要因素有:第一,云南与东南亚、南亚疆境相连,具有地缘优势;第二,云南与东南亚、南亚经济结构和发展程度差异较大,经济互补性强;第三,云南借道东南亚、南亚,可通过太平洋、印度洋直接进入国际大市场。这一点在近代起到了非常重要的作用。目前,这些因素不仅没有改变,反而使双方的联系与合作显得更为必要。

这些因素和条件的存在,使我们完全有理由从历史的发展中来寻找一些对当今有益的启示。从上面的论述可以看出,当前云南要建设国际大市场,必须有更大的视角,站在更高的高度,将其与东南亚、南亚国家和地区视为一个完整的区域加以考虑,共同构建统一的国际区域市场。

当今世界,国际经济发展的一体化已成为不可改变的历史潮流。国际经济的一体化实际上就是市场的一体化。一个国家、一个地区如果不能走向国际市场,就难以求得生存和发展。因此,云南与东南亚、南亚国家和地区作为一个完整的区域,共同构建一个统一的国际大市场,这不仅是历史发展的必然,也是当今世界经济全球化的必然选择。

　　当然，古代和近代时期，云南与东南亚、南亚国家和地区的经济联系主要是单一的商品流动，而且规模有限。今天，不仅商品流动的规模剧增，而且还从单一的商品流动发展到资金、技术、劳动力、信息等生产要素的流动和广泛的社会文化交流。双方的经济联系从来没有像今天这样紧密和多姿多彩，这就决定了我们今天必须在更高的层次上构建统一的国际大市场。

　　云南是我国的一个省份，就其与其他区域建立完整的区域市场来讲，我们考虑更多的是它与国内其他省区的联系与合作。诚然，与国内其他省区的联系与合作是极为必要的，但考虑云南历史发展的特点和未来经济发展的要求，更应该重视其与东南亚、南亚国家和地区共同构建统一的国际大市场。

　　众所周知，在经济全球化的进程中，各个国家和地区经济的竞争越来越激烈。在竞争中要想得发展，很重要的一个问题是要形成自己的优势和特色。云南与东南亚、南亚国家和地区共同构建统一的国际大市场，正是充分利用了与东南亚、南亚接壤的优越条件，在经济发展中形成自身的优势和特色。它的重要意义在于，云南通过东南亚、南亚国家和地区可以直接进入太平洋、印度洋，从而克服自身无出海口的缺陷，缩短与国际市场的距离，提高进入国际市场的效能。

　　完整的区域市场内部必须有统一的交易区、统一的市场规则、统一的贸易组织等等。目前,云南与东南亚、南亚国家和地区的经济联系已有了很大发展,并且启动了湄公河次区域合作等一批国际间的合作项目。但从完整的区域市场的高度来看,这些联系与合作还远远不够。云南应该在取得中央的支持下,加大与东南亚、南亚国家和地区的合作力度,协商建立统一的贸易区和贸易协调与管理机构,形成统一的市场规则,签订符合双方利益与要求的市场条约,制定共同的市场发展计划。

在这样的层次上建设国际区域大市场,必须注意双方市场的同一性效应,寻求有效的突破口。当前,双方应大力培育和发展两个市场。第一个是旅游市场。云南近年来大力发展旅游业,而东南亚、南亚许多国家也以旅游业为支柱产业。双方的旅游市场完全可以相互延伸,互为促进。因此,应大力加强云南旅游业与东南亚、南亚国家旅游业的联系与经济合作,共同推出旅游路线,在更高的层次上提高旅游业的发展水平。

第二个是金融市场。从前面的论述来看,自古以来云南与东南亚、南亚的经济联系明显地体现在货币的运动上。双方长期形成的"贝币之路"曾紧密地将相互间的市场联系在一起,拉动着二者社会经济的发展。在21世纪的今天,市场经济体制下资本市场的运作已使货币不再单纯地作为一种商品交换的媒介,金融已经成为一个国家和地区经济发展的重要动力和发达与否的标志。因此,在云南与东南亚、南亚国家和地区区域市场的发展和培育过程中,应充分重视国际金融市场的发展。当前,应开放云南的金融市场,鼓励国外特别是东南亚、南亚金融机构到云南开设分支机构,从事金融活动。这不仅有利于吸引东南亚、南亚的企业到云南直接投资,而且可以利用新加坡、曼谷等国际金融中心活跃的国际资本促进云南金融市场的发展,从而推动云南市场的发展从以商品市场为主进入到以要素市场为主的更高层面上。这对云南区域经济发展和扩大对外开放意义更为深远。这或许是"贝币之路"留给我们的最好启示。

与此密切相关的是,云南与东南亚、南亚国家和地区间的贸易不能仅仅局限于双边的贸易范围,更不能局限于双方的边民互市,而应该立足于通过东南亚、南亚国家和地区直接进入国际市场。古代,云南与东南亚、南亚的贸易对云南的经济发展拉动有限,而近代却产生了极为重要的推动作用,其根本原因就在于古代的贸易是一种局限于双方的贸易形式,而近代的贸易则是一种通过东南亚、南亚直接与国际市场相连接的贸易形式。因此,在经济全球化的今天,在云南与东南亚、南亚建立统一区域市场的过程中,应注意利用这个条件发展与世界其他国家和地区的贸易。

自20世纪80年代以来,伴随着改革开放的进行,云南与东南亚、南亚国家和地区的边贸有了很大发展,取得了显著的成绩。但是,发展到今天,边贸对云南经济发展的拉动作用仍然十分有限。其原因就是,边贸仅是双方边民的一种互市,是一种以商品交换为主体的市场,是国内商品市场在边境地区的延伸和扩展。作为主要以商流和物流相统一的互市活动,受商品运输条件和当地市场(主要指边境周围的外国区域市场)的消费条件的限制,进入边贸互市的商品辐射范围有限,因而对云南全省经济发展拉动不大。这也从一个方面证明,云南与这些国家和地区的经济交往,必须突破边贸的格局,大力发展与国际市场直接连接的远程贸易。

近代,云南的一些商号曾到香港、东南亚、南亚一些国家和地区设置分支机构,直接涉足国际贸易,为云南对外贸易和经济的发展作出了重要贡献。今天,为进一步发展云南面向国际大市场的远程贸易,我们应该以优惠的条件,积极鼓励云南的商贸企业和机构以及个人到东南亚、南亚国家和地区经商、办企业。其中,云南的企业界应重视分析东南亚、南亚国家和地区与云南经济的互补性,寻求自身和比较优势,主动出击国际市场。同时,加强国际市场的营销活动,努力扩大目前受欢迎的云南产品如农业机械、建材产品、医药产品等在东南亚、南亚的市场占有份额。做到这一点,既可以促进对外贸易的发展,又可以提高云南与东南亚、南亚这一区域市场的整合程度,使其向更高的层次发展,在世界经济格局中成为最具活力的区域市场之一。

总之,云南与东南亚、南亚国家和地区共同构建完整的国际区域大市场是一篇大文章。这既是历史发展的必然,也是当代社会经济发展的要求。我们必须从战略的高度加以重视,采取切实可行的措施,做好这篇大文章。做到这一点,我们才能在西部大开发中有所作为,不辜负历史赋予我们的责任和使命。

（原载《云南社会科学》2001 年第 1 期）

注　释

1　《江泽民文选》第 2 卷,第 344 页,人民出版社 2006 年。

2　《云南志》卷 6《云南城镇》。

3　《清高宗实录》卷 818,乾隆三十三年九月庚寅。

4　曹立瀛、王乃梁:《云南个旧之锡矿》第 88 页,《云南工矿产调查报告之十六》,民国二十九年(1940 年)九月油印本。转引自杨寿川:《近代滇锡出口述略》,《思想战线》1990 年第 4 期。

再论云南国际大市场的构建

　　云南与东南亚、南亚许多国家和地区山水相连,特殊的地缘关系决定了双方很早就有密切的经贸联系。20 世纪90 年代以来,笔者曾撰文提出"贝币之路",并在此基础上阐释云南与东南亚、南亚国家共同构建统一的国际大市场既是历史发展的必然,也是当今世界经济全球化发展的必然选择。[1]2009 年 7 月下旬,胡锦涛总书记视察云南时,从调整完善中国对外开放总体战略格局的高度,做出了"使云南成为我国面向西南开放的重要桥头堡"的重大部署。在新形势下,云南应该如何把握新的机遇,进一步发挥优势,促进开放型经济有更大的发展?本文拟在前文研究的基础上,重点分析历史时期特别是近代以来云南的市场和外贸发展历程,并以此为依据再论建设云南国际大市场的重要意义,并对加强云南与东南亚、南亚地区的经贸合作,推进"桥头堡"建设提出一些新思路和建议。

一、近代云南的前沿与枢纽地位

在中国对外交往的历史上，云南长期发挥着内陆门户的重要作用，在沟通中国与邻国的经济和文化交流上作出了贡献。文献记载和考古发现均证实，西南地区经云南腹地很早就有通往东南亚、南亚的交通线，许多学者将之称为"西南丝绸之路"或"南方陆上丝绸之路"。但事实上，在很长的历史时期，这条通道上并没有多少丝绸流通，因此，称这条通道为"丝绸之路"显然不妥。与此形成鲜明对比的是，东南亚、南亚的海贝很早就源源不绝地流入云南，并长期作为主要货币流通。所以，我个人主张将这条通道称为"贝币之路"。"贝币之路"的存在充分说明云南与东南亚、南亚应该是一个市场圈，是一个经济圈。

进入近代，随着世界经济发展格局的变化，特别是西方资本主义国家向外的殖民和扩张，云南与东南亚、南亚的经济关系被推进到一个新的高度。在此背景下，云南与东南亚、南亚的市场整合程度更高，而且云南通过东南亚、南亚的市场与世界市场紧密地联系在一起，从而成为中国对外交往的前沿与枢纽。

云南的这种前沿与枢纽地位体现在经济、社会、政治、文化的很多方面。仅从经济方面来看，以下几点极为明显。其一，云南特别是中心城市昆明成为全国商品和世界商品的集散地。自先秦起,东南亚和南亚的海贝、琉璃等物品就被贩运到云南。但在清中叶前,双方虽有商人往来,但多为边民互市,即使是商人贸易也以双方土特产品为主。这种贸易仅仅是一种区域市场内互通有无的低层次经济交往。近代以后,这种情况发生了根本的改变,双方的贸易发展成大规模远程贸易。云南与东南亚、南亚国家和地区的贸易成为一种经东南亚、南亚国家和地区而直接进入世界贸易体系的高层次贸易。这一时期的商品,除少数来自东南亚、南亚国家外,大多产于西方资本主义国家,经东南亚、南亚国家和地区转口输入云南,进而流通到国内市场。近代的一份商业调查报告称:

> (云南省城)昆明市西通大理,北入蜀南,东达黔西,其贸易之范围甚广。黔西、蜀南一带之进出口货,莫不取道于是。自滇越铁路通车而后,凡对安南、港沪输出入之商货,昔日以蒙自为集散之中心者,今则改取昆明,故商务益形发达。[2]

其二,云南成为中国连接世界的重要金融中心。当时,适应经济社会发展的需要,官府在云南大办银行和金融业。与此同时,民间资本也介入金融市场,开办银行。不仅如此,西方资本主义国家的一些大银行也到云南开办分支机构。一时之间,云南的银行业极为兴盛。随之而来,世界主要国家和地区的货币都在云南流通,云南被称为"世界钱币的博览馆"。

其三,云南兴起大批著名商帮、商号并频繁活跃于国内外市场。在贸易发展的推动下,云南出现了许多著名的商帮、商号,如鹤庆帮、喜洲帮、腾冲帮、丽江帮等。这些商帮不仅活跃于云南大地,而且还在国内的重庆、武汉、上海等大城市,以及香港和东南亚、南亚一带开设分号。如腾冲帮中洪盛祥、茂恒、永茂和等10余家商号在缅甸江城、八莫、仰光等地设有分号。丽江帮中永聚兴在拉萨、印度加尔各答设有分号,兴隆号、锡顺号、庆兴祥、春荣记、鼎记等在武汉、上海、香港等地设有分号。商帮和商号的经营活动,有效地沟通了国内市场和国际市场的联系。

由以上的论述得知,云南与东南亚、南亚有着紧密的联系,具有社会经济发展的一体化特征。种种历史现象充分说明,云南从来不是中国对外交流和合作的末梢,而是中国与东南亚、南亚交往的前沿阵地。特别是在近代,云南成了中国对外交往的前沿与枢纽。对此,1942年刊印的《云南经济》总结说:

　　云南地居边陲,号称山国,然自前清宣统二年(1910年)滇越铁路完成后,遂成西南之重要门户,进口货物由此而转运各省者不少,一时万商云集,市面繁荣。……抗战以后,进出口货物多取道昆明,以致向不为人注意之边省，顿成后方交通中心。加以中原人物相继来滇者，肩摩相接，人口既增，消费亦大，各种商业，骤见繁荣，以素称经济衰落之省区，竟亦入于战时景气状态。[3]

二、近代云南成为前沿和枢纽的历史启示

云南之所以能成为近代中国对外交往的前沿与枢纽，总体上说是国际、国内经济格局大变动的结果。但具体说来，云南之所以有能力承担起这种前沿与枢纽的作用，这很大程度上与云南市场的发展有关。

众所周知，近代以来，在内外因素的综合作用下，云南的市场得到迅猛发展并在短期内达到相当的程度。《新纂云南通志》记载说：

> 云南省际贸易之途，迤东一带，与川黔交往频繁，而以昭通、曲靖为货物聚散之中心；迤南一带，则与两广、上海交易，而以蒙自、个旧为货物聚散之中心；迤西一带，与康藏发生交易，而以下关、丽江为货物聚散之中心；全省复以昆明为出纳之总枢纽。[4]

这段记载至少告诉了我们两个重大的信息：一是，近代以来，云南形成了以昆明为中心，以昭通、曲靖、蒙自、个旧、下

关、丽江等城市为支撑的完整市场体系；二是，近代云南的区域市场发展始终与省际贸易市场的发展联系在一起。

更为重要的是，当时，通过对外贸易，云南的区域市场以及与之相连的省际贸易市场还与国际市场紧密地联系在一起。《云南通志长编》记载：

> 清宣统间，滇越铁路筑成，以丛山僻远之省，一变而为国际交通路线。匪但两粤、江浙各省之物品，由香港而海防，海防而昆明，数程可达。即欧美之舶来品，无不纷至还（沓）来，炫耀夺目，陈列于市肆矣。[5]

这说明，这三个市场产生了较好的良性互动。在这三个市场的互动过程中，云南因其紧邻东南亚、南亚，它们在古代就已形成的共同市场得到巨大发展，从而形成了一个极具活力的国际大市场。正是这个国际大市场，使云南具备了承担中国对外交往的前沿与枢纽的能力。

市场成长与贸易发展从来都是相互促进的。从历史发展的角度来看，不同的贸易对云南的经济发展产生了不同的影响。总体而言，古代对外贸易对云南社会经济发展的拉动作用较为有限。近代以来，在对外贸易不断发展的刺激下，农产品商品化日益发展，商业繁荣，原来封闭的自然经济逐渐解体，经济发展呈现出新的面貌；工矿业和金融业得到较大程度发展；山区和边疆民族地区经济开发步伐明显加快。同时,云南与周边省区的经济联系也达到历史最高水平,云南社会和经济取得了前所未有的长足发展。

古代云南与东南亚、南亚的贸易对云南经济发展拉动有限,在近代却产生了极为重要的推动作用。其根本原因在于古代的贸易是一种局限于双方的贸易形式,而近代的贸易则是一种通过东南亚、南亚直接与国际市场相连接的贸易形式。在经济全球化的今天,云南应该充分注意并利用这个条件发展与世界其他国家和地区的贸易。

值得注意的是,自20世纪80年代以来,伴随着改革开放的进行,云南与东南亚、南亚国家和地区的边贸有了很大发展并取得了显著的成绩,但是发展到今天,其对云南经济发展的拉动作用仍然十分有限。其原因就是,边贸仅是双方边民的一种互市,是国内商品市场在边境地区的延伸和扩展。作为主要以商流和物流相统一的互市活动,受商品运输条件和当地市场(主要指边境周围的外国区域市场)消费条件的限制,进入边贸互市的商品辐射范围有限,因而对云南全省经济发展拉动不大。这也从一个方面证明云南与这些国家和地区的经济交往必须突破边贸的格局,大力发展与国际市场直接连接的远程贸易。

当今世界国际经济发展的一体化已成为不可改变的历史潮流,国际经济的一体化实际上就是市场的一体化。一个国家、一个地区如果不能走向国际市场,就难以求得生存和发展。因此,云南与东南亚、南亚国家和地区作为一个完整的区域,共同构建一个统一的国际大市场,既是历史发展的必然,也是世界经济全球化的必然。考虑云南历史发展的特点和未来经济发展的要求,更应该重视其与东南亚、南亚国家和地区共同构建统一的国际大市场。

三、构建云南国际大市场的意义

云南具有沿边、沿江的区位特征,是我国西南对外开放走向东南亚、走向南亚的门户和通道,客观上奠定了云南在中国西部特别是大西南对外开放格局中的经济战略地位。面向印度洋开放,更是云南区位优势之独特性和不可替代性的真正体现。云南已经被历史推向了我国新一轮对外开放的前沿,并被时代赋予了新的开放内涵。在这样一个历史与现实的宏观背景下,扩大面向东南亚、南亚的开放,构建云南国际大市场,既是贯彻国家全方位对外开放方针,也是加强我国与东盟、南盟的合作关系的需要,对于实现本区域政治稳定和经济繁荣有着重要的现实意义。

首先,与东南亚、南亚地区构建国际大市场是我国扩大对外开放战略的需要。自改革开放以来,我国全方位、多层次的对外开放的格局已经初步形成,国内市场也已经从改革开放初期主要依赖少数发达国家市场,向与东亚、东南亚、南亚、中亚等区域合作和多元化市场发展。东南亚和南亚市场发展潜力巨大,南亚是当今世界上著名的新兴市场之一,也是亚洲地区紧邻中国的高速增长的市场。近年来中国与南亚双边经贸发展日趋活跃,2008 年,中国与南亚的贸易额达 657 亿美元,预计 2010 年双边贸易额将超过 750 亿美元,且印度现已成为中国贸易伙伴中位居前十的国家。[6] 随着东盟、南盟、印孟斯缅泰经济合作等合作组织和机制的相继建立,云南的周边地区正在成为国际合作的热点区域。如果能充分利用和依托毗邻东南亚、南亚的区位优势,与东南亚、南亚建立统一区域市场,将进一步完善我国"深化沿海开放,加快内地开放,提升沿边开放,实现对内对外开放相互促进"的对外开放格局。

　　其次,构建国际大市场是发挥比较优势,形成竞争新优势的客观要求。我国具有自然资源、资金、技术和产业发展等综合优势,经济发展的内在支撑力正在日益增强,而东南亚、南亚地区在整个国际分工格局中也有许多比较优势,比如拥有丰富的人力资源、水力资源、电力资源、渔业资源,以及相当可观的矿物资源和较好的产业发展基础等。特别是印度已经建立起比较完备的工业体系,在科技方面也具有相当高的水平,印度的应用软件业近些年来得到了快速发展,已成为软件出口大国。如果通过云南加强与东南亚、南亚地区的经济技术交流,将国内市场与东南亚、南亚市场融合在一起,就可以在这一区域形成优势互补的经济结构,形成不同层次的产业结构、产品结构、技术结构,从而获得经贸合作中的比较利益。

　　第三,构建国际大市场是云南参与多层次国际合作,拓展市场空间的必然要求。2009 年 8 月 13 日,东盟(ASEAN)和印度经过 6 年磋商,终于正式签署了自由贸易协议(FTA),预定分别在 2013 年至 2016 年次第建成自由贸易区。[7]2010 年 1 月 1 日,中国—东盟自由贸易区成立。东南亚、南亚将崛起两大经济圈,即以印度为主的南亚次大陆经济圈与中国—东盟自由贸易区,两大区域的交汇点和重合点就在云南。这两大区域的崛起,正是云南实现跨越式发展的机遇。云南必须与东南亚、南亚国家和地区共同构建统一的国际大市场,通过东南亚、南亚国家和地区直接进入太平洋、印度洋,克服自身无出海口的缺陷,缩短与国际市场的距离,提高进入国际市场的效能,进一步将西太平洋和北印度洋两大区域,东亚、东南亚和南亚三大市场连接起来,从内容和形式上将其与东南亚、南亚的合作向深度、广度推进,加快生产要素流动和产业转移,形成广阔的市场空间。

四、现阶段云南构建国际大市场需重视的问题

　　当前,云南正处于加速构建对外开放新格局的关键时期,应该明确自身服务于全国与东南亚、南亚的双向服务平台的角色。从市场多元化发展战略出发,加大对东南亚、南亚市场的研究,增强开拓周边市场的积极性和主动性,以更

加丰富和充实的合作内涵,与东南亚、南亚国家和地区作为一个完整的区域,共同构建统一的国际区域市场。

(一)将国际大市场构建作为"桥头堡"战略的核心

2009年7月28日,胡锦涛总书记在云南考察工作时发表重要讲话,对云南进一步提升对外开放水平提出明确要求,指出:

> 要充分发挥云南作为我国通往东南亚、南亚重要陆上通道的优势,深化同东南亚、南亚和大湄公河次区域的交流合作,不断提升沿边开放质量和水平,使云南成为我国向西南开放的重要桥头堡。

这对于云南是一个千载难逢的重大机遇。这是国家对云南发展的定位,关系到云南的开放,更是涉及提升云南整体实力的重大问题。关于"桥头堡"的建设,目前各方面达成的共识主要突出四个方面的内容:一是建通道,建设我国经云南连接东南亚、南亚,直达印度洋的国际大通道,这是桥头堡建设最为迫切的战略任务,当前最重要的是建铁路和中缅石油气管道;二是建平台,通过构建一些官方和民间的合作制度,把云南建成我国向西南开放的重要平台;三是建基地,优化产业布局,把云南建成面向印度洋沿岸国家的外向型产业基地,以及进出口商品生产加工基地;四是建窗口,使云南成为充分展示中华文化，增进国际友谊的窗口。[8]

由此可见，"桥头堡"不只是通道，"桥头堡"要求有比较大的贸易吞吐量，需要国内外市场作为依托，市场正是"桥头堡"战略中的核心问题。近代云南的历史也清楚地告诉了我们这一点。这不仅需要云南自身具备一定的经济实力，而且要求周边国家和地区也有与之相应的经济带。因此，云南要做好"桥头堡"建设研究和战略规划，并且将加快建立区域性的共同市场作为"桥头堡"战略的重要目标，把被分割的小市场统一起来，通过区域内的合作，扩大市场规模，并通过市场内竞争，实现规模经济利益。只有这样，云南才能真正把区位优势转化为经济优势，极大地增强未来发展的动力。

值得特别指出的是，云南与东南亚、南亚国家和地区共同构建的国际大市场并不是孤立的。这个国际大市场应该始终与全球的市场有着紧密的联系，是世界市场的一个重要组成部分。换言之，云南在与东南亚、南亚国家和地区共同构建国际大市场的过程中，应是立足东南亚和南亚，但目标则是着眼于世界市场，只有这样，才能最大限度地推动云南融入世界经济一体化的进程。

（二）将通道建设与市场建设作为有机整体协调推进

交通通道建设是市场建设与发展的重要基础，但从某种意义上来说，又是市场网络体系的形成过程。近代云南市场体系的形成正是以交通发展为基础,并借助于交通网络而形成市场网络。所以,在云南"桥头堡"建设中,要处理好交通通道建设与市场发展的关系,将它们作为一个有机的整体协调推进。在谋划交通通道建设时,要充分考虑市场的发展;在构建市场体系时,要重视交通通道的建设。

现阶段,云南通往东南亚、南亚的交通通道建设还适应不了市场发展的需要。要将交通通道建设作为重点,科学规划公路、铁路、航空、水运、管道、信息通道,形成科学合理的交通通道体系,做到人畅其行,货畅其流,为市场发展奠定更加坚实的基础。

(三)统筹三个市场的建设

1. 培育核心,建设云南区域市场

长期以来,昆明作为云南省生产力最富集的地区和中心市场,对全省及周边国家和地区的经济发展具有重要的辐射和带动作用。在新的历史时期,云南省应高度重视昆明市在全省开放与发展中的核心作用,进一步提高昆明在对外贸易、利用外资、对外经济技术合作、国际旅游、开发区建设、对外交往、横向经济协作等方面的骨干带头作用,统筹好昆明与全省其他地州的关系,使之成为我国向西南开放的重要桥头堡的枢纽以及国际化经济开放示范区。重点要抓好以下两方面的工作:一是积极推动以昆明为核心的滇中城市经济圈建设。面向全国,面向两亚,面向世界,推

进滇中昆、玉、楚、曲四城市一体化的联动发展,将滇中城市经济圈建成结构合理、功能互补、资源共享、整体效益最大化的新型城市群,带动周边区域的对外开放与经济发展。二是以昆明为龙头,加快 GMS 经济走廊和经济带建设。结合昆仰、昆曼、昆河、中印等国际大通道建设,整合全省产业资源,明确合作的优先领域和重点项目,以交通基础设施为载体,规划沿线地区的生产力布局、经济发展格局以及对外经济合作,以开放型的交通网络形成开放型的经济网络。通过示范效应和辐射、传导机制,充分发挥昆明市经济增长极的作用,以通道经济带动全省的对外开放和经济发展。

2. 承接转移,构建省际贸易市场

从人力资本、市场潜力、区位条件、产业配套能力和投资软硬件等诸多因素综合考虑,云南有条件承接产业的转移,特别是在生物产业、重化工业、能源产业、服务业等领域有着独特的优势和良好的基础。云南要以东部沿海发达地区为重点,加强与相关省区市的沟通与交流;积极引进省外资金、技术、人才,积极承接劳动密集型产业,充分发挥土地和劳动力资源价格低廉、资源丰富等优势,争取更多的国内制造业向云南转移;重点引进易于形成产业链、产业集群、高附加值、技术创新能力强的高科技项目。另外,云南还要下大力气搭建贸易投资便利化平台、开拓贸易渠道、制定贸易准则、创新贸易模式,为中国泛珠区域及西部各省区市与周边国家的交流合作打通一条重要的国际运输线,开辟一条中国新的西向贸易通道,为我国各省区与沿线国家的全面合作和共同发展提供一个全新的平台,为各方进一步开拓国际市场尤其是南亚国家市场创造更好的条件。

3. 优势互补,开拓国际市场

云南要全方位拓展与泛珠三角、长三角、泛北部湾等区域的多层次、多形式的合作,进一步推进横向经济联合与协作,利用各自的资源优势,开发优势资源和产品。要共同依托国内巨大市场、雄厚的资金和先进技术等生产要素,促进区域内生产要素流动、产业集聚,形成集聚优势。要充分发挥连接东南亚、南亚陆上通道和广西北部湾作为西南最便捷出海通道的互补优势,努力实现陆海联动,形成国内产业和企业进入次区域开展合作的动力与合力,共创区域发展新优势,让全国兄弟省区借助云南有效地拓展与东南亚、南亚的经贸关系,使云南在服务全国的过程中求得发展。

4. 互利共赢,整合三大市场

云南与东南亚、南亚地区的工业化和经济发展水平不同,消费需求不同,要依靠各地自然资源、资本劳动禀赋、工业化水平和经济发展阶段的差异,发挥比较优势,形成产业分工体系,获取共赢、多赢,促进本区域更快发展,实现共同繁荣。云南应该有针对性地明确合作的重点,在取得中央的支持下加大与东南亚、南亚国家和地区的合作力度,协商建立统一的贸易区和贸易协调与管理机构,形成统一的市场规则,签订符合双方利益与要求的市场条约,制定共同的市场发展计划，探索建立具有约束力的合作机制，规范国际合作和贸易行为。当前的重点，是推进缅甸、老挝的过境贸易向规范化和制度化发展的进程，为云南与东南亚、南亚各国相互拓展市场提供制度保障。在这一过程中，实现云南区域市场、省际贸易市场和国际市场这三大市场的良性互动和协调发展。

五、关于构建云南国际大市场的几点建议

（一）大力培育发展金融市场

近代云南区域市场发展的一个显著标志是金融市场的大发展。在 21 世纪的今天，市场经济体制下资本市场的运作已使货币不再单纯地作为一种商品交换的媒介，而是成为一个国家和地区经济发展的重要动力和发达与否的标志。在云南与东南亚、南亚国家和地区区域市场的发展和培育过程中，应充分重视国际金融市场的发展。目前人民币在云南周边国家已经成为首选货币，存量约有 150 亿元。云南已经具备成为人民币跨境结算中心的条件，建议国家批准在云南开展人民币国际结算先行试点，在云南建立人民币跨境结算中心。同时，进一步建立健全多层次的金融服务体系，尽快把云南建成服务于我国向西南开放的现代金融服务基地。要鼓励国外特别是东南亚、南亚金融机构

到云南开设分支机构从事金融活动,这不仅有利于吸引东南亚、南亚的企业到云南直接投资,而且可以利用新加坡、曼谷等国际金融中心活跃的国际资本促进云南金融市场的发展,从而推动云南市场从以商品市场为主进入到以要素市场为主的更高层面上,这对云南区域经济发展和扩大对外开放意义深远。

(二)积极推进旅游合作

云南大部分地区属于温带季风气候,具有独特的多样性优势,而大多数东南亚、南亚国家属于热带季风或热带海洋性气候,由此形成各地自然和生态特征具有较大的差异性和互补性。此外,云南还具有浓郁的民族风情和悠久的历史文化,是发展旅游文化和旅游产业、开展异质旅游合作的最佳地区。随着云南与周边国家通道的连接和人员流动交往的便利,旅游客源市场将进一步扩大,我国与东南亚、南亚国家之间的文化、旅游合作将成为新的热点。云南应大力加强与东南亚、南亚国家旅游业的联系与合作,促进旅游资源的有效整合和配置,形成极具特色的跨国旅游目的地,推动区域性跨国旅游市场的一体化发展。要不断开发新的旅游产品,尽快与东南亚、南亚各国形成合作开发客源市场、联合宣传促销、共建旅游环线及旅游景区景点的合作机制,形成云南与东南亚、南亚一体化的旅游体系,努力构建面向东南亚、南亚的国际区域旅游圈,将云南打造成中国一流、世界知名的旅游集散中心。

（三）加快企业"走出去"步伐

在推进国际大市场建设的初期，政府发挥主导作用是必要的。政府承担主要的开发责任和提供大量的经济援助，可以很好地推动区域合作。但是，长期的区域经济合作有赖于各方微观层面的密切合作和相互依存，如果缺乏民间私营部门的介入，合作会因缺乏微观经济基础而失去活力。近代云南能发挥连接中国与世界的桥梁和纽带的作用，与大批商帮、商号走出国门，走向东南亚和南亚有极大关系。因此，应制定云南对东南亚、南亚国家投资的发展战略，确定合作目标，拓展投资方式，包括到周边国家和地区设立合资企业、合作经营企业、独资企业等，推动云南对东南亚、南亚国家的投资迈出新的步伐。引导更多的企业尤其是私营企业参与拓展周边市场，以优惠的条件积极鼓励和支持具有比较优势和竞争优势的行业和企业向东南亚、南亚延伸，不断拓宽发展空间。支持云南企业与东南亚、南亚国家的企业建立战略合作关系，建立稳固的原料基地和加工贸易基地。支持企业开展承包工程和劳务合作，投资兴办实业，参与资源开发和基础设施建设合作。在我国企业实施"走出去"的过程中，要特别注意市场的可持续发展问题，主动履行企业社会责任、保护境外生态环境等，注重维护中国同周边国家的关系，响应国家提出的"以邻为伴、与邻为善"和"睦邻、安邻、富邻"的周边外交方针以及合作共赢的开放战略。

（四）加大"引进来"的力度

比起发达国家来说，东南亚、南亚国家资金相对不足，这是一个总概念。但是，随着经济全球化趋势的加强，东南亚、南亚国家在大力吸收外资的同时也大力向外投资，云南不能忽视从周边国家吸收资本。资本的本质是增值自身，哪里有利润就会向哪里流动。只要云南具有适合东南亚、南亚国家资本投资的环境和条件，就能把资本吸引进来。[9]云南要积极调整和完善引资政策，重点发挥好经济技术开发区和工业园区在招商引资中的作用，把引进东南亚、南亚国家资金、技术和先进管理经验与云南的优势资源开发、支柱产业建设结合起来，不断创新招商引资方式，通过各种灵活的招商方式，吸引东南亚、南亚国家商人来云南投资。同时，加强同东南亚、南亚国家的技术交流，引进云南经济发展需要的先进技术。

（五）推进沿边口岸建设

当前，为了加速云南与东南亚、南亚地区的贸易往来，必须加大对云南口岸的资金支持和政策扶持，推进口岸通关环境的改善和优化，争取推进适应桥头堡战略要求的新一轮通关便利化措施，树立桥头堡建设的国门形象。云南还应抓紧电子口岸应用项目的申报、审核和开发运用工作,将电子口岸打造成通关便利化的优质平台。建议进一步改善口岸检验、检疫管理模式,完善便捷现代物流环境,推行"属地申报、口岸验放"通关模式,简化通关程序,提高通关效率,降低物流成本。要加强口岸管理改革,开辟"绿色通道",对过往车辆不实施分散、拆零和普通检查,对信用评价较高的诚信企业的人员、车辆给予便捷检验和检查手续优惠,保证出入境人员及货物的通畅。

（原载《思想战线》2010 年第 4 期）

注　释

1　参见拙文《钱币之路:沟通中外关系的桥梁和纽带》,《思想战线》1999 年第 5 期;《从历史发展看云南国际大市场的构建》,《云南社会科学》2001 年第 1 期。

2　参阅国民政府铁道部财务司调查科《湘滇线云贵段经济调查总报告书》第 9《商业》,第 131 页。

3　张肖梅:《云南经济》第 18 章《商业与物价》,中国国民经济研究所,民国三十一年(1942 年)六月。

4　参阅龙云、卢汉修,周钟岳纂《新纂云南通志》卷 144《商业考二》,民国三十八年(1949 年)铅印本,第 7 页。

5　云南省志编纂委员会办公室:《续云南通志长编》下册卷 73《工业》,1985 年,第 339 页。

6　《云南将成中国—南亚国家贸易会展中心》,中国新闻网,http://www.chinanews.com.cn/,2009 年 12 月 26 日。

7　《东盟—印度正式签署自由贸易协定 预定次第建成自由贸易区》,中国东盟协会网,http://www.chinaasean.org/,2009 年 8 月 17 日。

8　《陈勋儒:将云南建设成为面向西南开放的重要桥头堡》,《21 世纪经济报道》2010 年
3 月 8 日第 011 版。

9　杨杰:《以南亚为重点 全面推进云南对外开放》,《昆明理工大学学报(社会科学版)》
2008 年第 4 期。

云南的对外开放:基于国家战略的思考

新世纪以来我国综合实力不断增强,国际影响力迅速提升,对外开放呈现出整体快速推进的势头,为云南对外开放带来一系列难得的历史机遇。但云南的对外开放目前正面临着增长乏力、后劲不足、信心不足、动力不足、竞争压力增大、优势有进一步衰减的趋势等问题。

2008 年以来,云南省委、省政府提出了一系列加快开放云南的战略思想和实施意见,启动了新一轮云南对外开放的步伐。我们认为,新时期云南的对外开放,必须要树立"云南的对外开放不只是云南本省的开放,而且是全国的开放"这一意识,以宽广的视野,自觉地把云南的对外开放与国家战略紧密地结合起来,在更好地为国家和平发展大局服务的同时,提升云南对外开放的层次,实现对外开放的新突破。

一 云南对外开放的战略选择

云南对外开放的战略举措和具体政策只有与国家的重

大战略相呼应,才能得到国家层面的认可和重视,收到事半功倍的效果。这方面,广西的经验值得我们学习和借鉴。根据实际,云南省必须高度重视四个方面的国家战略。

(一)"以邻为伴、与邻为善"和"睦邻、安邻、富邻"周边外交战略

党的十六大报告明确提出了"以邻为伴、与邻为善"的方针,确立了"睦邻、富邻、安邻"的周边外交政策。十七大报告提出要拓展对外开放广度和深度,提高开放型经济水平,构建互利共赢的对外开放格局,特别强调要"完善内外联动、互利共赢、安全高效的开放型经济体系,形成经济全球化条件下参与国际经济合作和竞争新优势"。我们对此的理解是,国家新的开放战略,既要充分利用国外资源支撑我国发展方式的转变,实现科学发展;同时也要为和平发展营造良好的国际环境,保障中国的和平崛起。因此,云南的对外开放一定要遵循互利共赢的原则,为国家的周边外交作出贡献。

"周边是首要"表明了中央对周边国家的高度重视。建设中国—东盟自由贸易区,推进大湄公河次区域合作,中央很大程度上是从地缘政治和国际关系的角度出发,将经济利益的考量放在次要地位,基本目的是要为我国的和平发展建立安全稳定的外部环境。然而,近些年云南省一些企业考虑经济效益太多,没有很好地遵循互利共赢的原则,

如大规模开采境外的矿石(尾矿和废水处理不到位)、过度砍伐甚至走私木材、利用替代种植政策大面积毁林种植橡胶、澜沧江和怒江大规模水电开发等等,这些行为对境外生态环境造成了一定的影响,在很大程度上成为西方国家虚构"中国威胁论"的重要注脚,而且也影响了中国(云南)与周边国家的关系。如缅甸人过去对云南人是非常友好的,但现在缅甸民间有明显的对华不满情绪,一些重要工程宁愿交给江苏、浙江企业来做,也不愿意与云南企业合作。如果云南省不加强对企业的管理和约束,以后一旦我国与西南周边国家关系出现问题,云南难免会受到影响。相反,如果云南在为保持和发展我国与西南周边国家关系中作出了贡献,中央很可能在其他方面给予补偿。事实上,越南、老挝、缅甸、柬埔寨都是小国,自然资源总量不大,从长远看对我省经济的促进作用有限。这就需要我们全面权衡地区利益与国家利益、短期效益与长远利益。

(二)"两洋战略"中的印度洋战略

20 世纪末我国学者就提出了"两洋战略"。也就是说,中国要确保自己的安全和崛起,不仅要面向太平洋,还要走向印度洋。"两洋战略"是国家的大战略,云南在我国走向印度洋战略中的地位是其他省份无法取代的,这是我们难得的机遇,必须充分利用。

在"两洋战略"中,缅甸无疑具有重要的地位。事实上,即将动工的中缅天然气管道每年供气量只有 65 亿立方米,而且只能稳定供气 18 年(当然,这种状况可能会随着孟加拉湾油气资源的进一步发现而改变),经济效益并不显著。但国家最终还是决定建设这一工程,就是要尽快打开进入印度洋的通道。

因此,云南对外开放的新战略和举措,非常有必要结合国家"两洋战略"中的走向印度洋战略,尽快协助国家构建从缅甸进入印度洋的立体交通网络。

(三)民族团结与边疆稳定战略

维护民族团结,保持边疆稳定,是国家的长期战略。台独、疆独、藏独、蒙独的长期存在,尤其是 2008 年西藏"3·14 事件"的爆发,使中央对边疆地区的民族团结更加重视,对和谐边疆建设的投入将进一步增大。

云南是全国世居少数民族最多的省份,现有 16 个民族跨境而居。云南还是目前唯一的境外存在数万跨界民族武装的沿边省份,跨境民族境外部分长期追求独立和高度自治的斗争,影响了境内跨境民族从民族认同向国家认同的转变,并带来了毒品泛滥、走私突出等一系列问题,严重影响了云南边疆民族地区的安全和稳定。

新中国成立至今,中央对云南的最大期望是维护民族团结,保持边疆稳定。但是,近几年越南的发展非常迅速,越南与中国接壤省份的经济发展水平大有超过云南、广西之势。过去越南想通过"两廊一圈"建设让中国的云南、广西带动越南北部省区的发展,现在看来,越南北部的快速发展已经对我方边民的经济生活产生了较大刺激。如果让这一态势继续发展下去,将会对党的执政能力和国家形象产生不良影响。云南省委、省政府有责任让中央意识到这是一个大问题,如不加快解决,就会影响到边疆的安全与稳定,必须加大对"兴边富民"工程的扶持力度,通过扩大云南对外开放,促进我省沿边地区的发展。

（四）非传统安全问题合作战略尤其是能源安全战略

总体而言,领土争端问题已不是影响我国与周边国家关系的主要因素,相反非传统安全问题的重要性和影响在不断上升,国家也正在积极构建与周边国家的非传统安全问题合作战略。云南有 4061 公里的陆地边境线,能源安全、生态环境保护、非法移民、制贩毒品、跨境犯罪、商品走私、赌博盛行、SARS 和禽流感等高传染性疾病的流行、洗钱及其所引发的金融安全等非传统安全问题日益影响我省边疆地区的稳定和发展。因此,云南具备在我国与周边国家的非传统安全问题合作中发挥重要作用的基础。

近年来我国的石油进口依存度不断上升,而进口石油的运输又严重依赖马六甲海峡。为了分散进口石油的运输风险,扩大进口油气的来源,国家非常重视中缅油气管道的修建。云南要避免只成为油气运输的通道,而要力争在云南建设炼化基地和战略石油储备基地,为改善国家能源安全作出贡献。

二、云南对外开放的战略目标

经济发展并非是云南对外开放唯一的目标。云南的对外开放要充分利用独特的地缘优势,更多地在边疆民族地区的稳定、国家能源安全战略与"两洋战略"等方面做文章,这样才能得到中央的认可及政策倾斜。基于此,我们认为,未来一个时期云南对外开放的战略目标主要应围绕以下四个方面加以考虑。

(一)把云南建设成为中国开展与东盟在非传统安全领域合作的重要平台

我们认为,仅凭广西、云南与东盟国家现有的经济合作规模,都不太可能成为中国与东盟经济合作的前沿或"桥头堡"。广西的南博会在很大程度上是中国与东盟政治合作的平台,可惜对中国与东盟尤其是广西与东盟经济合作的促进作用并不明显。由于中国与东盟已签署"南海各方行为宣言",因此,在今后一定阶段内影响中国与东盟关系的主要因素是非传统安全问题。目前,非传统安全问题确实对中国与东盟关系产生了一定的负面影响,并且引起了中央的重视。在中国与东盟的非传统安全领域合作中,云南因为地缘因素完全可以唱主角,发挥举足轻重的作用。

(二) 把云南建设成为中国走向印度洋的桥头堡

构建第三亚欧大陆桥的思路是对的,但这是一个长期战略过程。现阶段,构建通往印度洋的国际大通道,把云南建设成我国走向印度洋的桥头堡,应是优先目标。

中缅石油天然气管道尽管经济效益不高,但国家还是下决心立项,就是想借修建管道之机打开一条通向印度洋的战略通道。云南要配合中央把缅甸的工作做好,构建滇缅之间的公路、铁路、水路、航空和管道结合在一起的立体交通网络。在修建中缅油气管道已成定局的情况下,重启中缅陆水联运通道的谈判以及滇缅铁路的建设,全面加快构建中缅之间的大通道,为我国走向印度洋提供基础条件,就显得非常迫切。

从国际战略来看,中国不仅要打破美国的封锁,还要构建一条可以处理与印度关系的链条,保护我国经过印度洋前往中东、非洲、欧洲的商业运输通道(从斯里兰卡到孟加拉湾、再到泰国湾和马六甲海峡)。作为刻意追求大国地位的印度,不会同意把目前的孟中印缅(BCIM)合作从二轨上升到一轨,因此,我们建议,云南省应把主攻方向从提高孟中印缅合作层次,转到配合国家遏制环孟加拉湾经济合作组织(BIMSTEC)的发展。由印度主导的环孟加拉湾经济合作组织从一开始就是在一轨上操作,目前已建立了定期峰会磋商机制,正在构建自由贸易区。这一机制对我国(省)走向印度洋非常不利。因此,我省要建议中央多做缅甸、斯里兰卡、泰国、孟加拉国的工作,大力发展与这些国家的双边关系。或者由缅甸、斯里兰卡、泰国、孟加拉国提出吸收中国为该组织的观察员或者正式成员,这样我国可以名正言顺地参与印度洋的合作,云南则代表国家参与(如同云南代表中国参与 GMS 合作机制)。

(三) 把云南建设成为改善我国能源安全的重要运输通道、炼化基地和战略石油储备基地

中缅油气管道自 2004 年提出以来,进展顺利。2008年 4 月,油气管道可行性研究工作全部完成。5 月 28 日,中国石油天然气集团公司与韩国大宇国际株式会社在北京签署缅甸合作项目谅解备忘录,后者同意将它控股的缅甸西海岸瑞(SHWE)、瑞漂(SHWEPHYU)及妙(MYA)等三处天然气田的天然气销售给中石油,解决了持续两年多谈判的核心问题。6 月 20 日,缅甸联邦政府、中国石油天然气集团公司和大宇联合体(由韩国两家公司和印度两家公司组成)在缅甸首都内比都共同签署了《缅甸海上 A1、A3区块天然气销售和运输谅解备忘录》、《中缅韩印六家公司联合开展天然气陆上管道可研的合作协议》、《中缅韩印六家公司委托中石油规划总院开展天然气陆上管道可研的委托协议》。2009 年 3 月 26 日,中缅两国签署了关于建设中

缅油气管道的官方协议。10 月 30 日,皎漂码头的动工标志着中缅油气管道建设的开始。

云南省对中缅油气管道一直比较重视,同时也根据外交部等有关部门的意见,坚持少说多做,我们认为,应该继续大力协助国家和中石油修建中缅油气管道,尤其要强调在昆明附近建设大型石油化工基地,积极争取把昆明列入国家第四批战略石油储备基地名录。这对于提高云南省在国家能源安全中的战略地位以及促进云南经济的发展具有至关重要的意义。

(四) 把云南建设成为提升沿边开放水平与构建周边国际产业合作带的示范区

在国家新一轮对外开放中,提升沿边开放水平是重要内容。由于资源禀赋和外部条件的不同,东部沿海的开放模式不能照搬到内陆沿边省区。因此,如何提升沿边开放水平是一个重大的理论和实践问题,需要有新的思路。我们认为应进一步深化次区域经济合作,建设国际通道,弱化边界效应,加快要素聚集,依托内联外引,推动产业合作,加速与周边的一体化进程,形成沿边地带的经济增长中心。对云南而言,应考虑构建中国西南地区面向东南亚、南亚周边国际产业合作带,与我国东北、内蒙古地区为加快"向北开放"构建的沿边经济合作带相呼应,扩大"向南开放",推动西南与周边国家地缘政治与地缘经济的均衡发展,使云南成为构建面向南亚、东南亚国际产业合作带的示范区。

三　对深化云南对外开放若干重大问题的认识

解放思想,实事求是,是云南加快对外开放的重要基础,目前省内学者和有关职能部门对云南对外开放的思路、战略和具体实施方案都有不同的看法,其中有一些重要问题值得深入讨论。

(一)对外开放对象的选择与平衡

云南对外开放的重点到底是东南亚、南亚,还是发达国家和地区,需要从不同的角度和层面认识,不能一概而论。从国家层面来看,云南对外开放主要应面向东南亚和南亚,尤其是中南半岛国家。但从实践结果来看,云南面向东南亚、南亚开放对促进云南社会经济发展的作用相当有限。因此,从我省的角度出发,重点应加大对发达国家和地区开放的力度,大力引进发达国家的外资、先进技术和管理制度,尤其是要吸引世界 500 强企业到云南投资。但是,在宣传方面仍然要配合国家战略,强调以对东南亚、南亚的开放为主。近期宜把越南、缅甸作为云南对外开放的重点国家。

目前云南对东南亚的开放,尤其是参与 GMS 合作遇到了较大的困难和挑战,而广西在中国与东盟的区域合作中占据了主动,云南在短期内难以扭转这种态势,因此不少学者提出云南要把对外开放的重点从东南亚转移到南亚，并且建议积极承办"中国—南盟博览会"，力争把博览会永久落户昆明。应该看到，目前中国与南亚尤其是印度的经贸合作的规模和水平远不如中国与东盟，由于中印之间的交通网络基本处于空白，人员往来规模很小，文化有隔膜，两国之间还存在领土纠纷和对大国地位的争夺，"孟中印缅次区域"合作机制从二轨上升到一轨在近期是不太可能的事情，因此，中国与印度经贸合作的前景不比中国—东盟看好，而云南在中国与印度的经贸合作中能发挥的作用有限。因此，云南扩大对南亚尤其是印度的开放是必要的，但现阶段不能作为重点，举办"南博会"只能是造势，不会有经济效益。

（二）对外开放新增长点的选择

云南的对外开放要讲求实效，而不是单纯的造势。我们认为，在近期把昆明建设成为国家的石油炼化基地与战略石油储备基地，应作为云南对外开放新的增长点。

目前中缅油气管道项目的修建已基本成定局，但炼化基地尚未确定。对此，重庆表现得十分积极。根据中石油的规划，建设1000万吨的炼油厂和100万吨乙烯化工厂，每年可产生1400亿人民币的GDP，石油化工完全可以成为云南重要的支柱产业。为了使国家同意把炼化基地放在云南，现阶段我们要向中央和国家有关部门强调，从国家能源安全的角度出发,有必要把云南列入国家战略石油储备基地第四期目录当中,并且明确表示云南愿意承担储备基地的前期费用。由于战略石油储备基地都是和炼油厂联系在一起的,只要国家确定在云南建设储备基地,炼油厂也就自然会落户云南。

(三) 高度重视 GMS 合作在云南对外开放中的地位和作用

GMS 合作是云南第一个进入国家层面的对外开放合作机制,对促进云南社会经济的发展曾发挥了重要作用。尽管现在广西和云南共同代表国家参与次区域合作,但真正能发挥核心作用的还是云南。由于 GMS 合作已在第一轨道上运作,而且建立了三年一度的 GMS 峰会机制,如果云南不重视、甚至放弃 GMS 合作机制,转而不现实地寻求把"孟中印缅次区域"合作从二轨上升到一轨,或者说把对南亚的开放作为云南省的重点,实际上是"捡了芝麻丢了西瓜",得不偿失。

GMS 国家与我国有 5000 多公里的边境线,GMS 国家是我国和平发展道路的示范区,也是国际社会评估中国对外政策的风向标,因此国家是不会忽视或放弃这一合作机制的,云南应坚持推进 GMS 合作,为国家战略服务。

(四) 正视对外开放中存在的突出问题

一般说来,各省、自治区、直辖区在向中央汇报工作时是以突出成绩为主，但云南对外开放中要突破的难题较多，多数需要依靠中央的力量来解决。因此，我们建议可以采用逆向思维方式，通过提出事关国家大局的重大问题来促使中央对云南的对外开放和经济社会建设给予政策与资金的倾斜。

近几年，云省曾就面临严重的毒品和艾滋病问题以及边民外迁问题向中央上报告，得到中央的高度重视，并要求国家有关部委制定和出台促进云南边疆少数民族地区发展的具体措施。我们认为这样的思路是对的，实事求是地向中央汇报云南存在的问题不会带来什么负面影响，相反能引起国家的重视，这些问题的解决有利于促进云南又好又快地发展。

从这个思路出发，我们应正视对外开放过程中存在的突出问题，实事求是地看待和处理我国企业对西南周边国家的生态环境的影响问题，国家应从和谐周边的大局出发，加强与周边国家的生态保护合作，云南可在其中发挥重要的作用。

由于云南境外还存在4万多脱离缅甸中央政府控制的少数民族武装，因此，有必要提请中央和国务院加强云南边境地区交通网络和监控体系的建设，增加对"兴边富民"工程的投入力度，为妥善应对周边可能出现的突发事件奠定坚实的基础。

总之，只要我们对云南对外开放面临的机遇和挑战有全面准确的认识,制定合适的对外开放战略和具体支撑措施,云南的对外开放仍大有可为,并将有力地推动富裕云南、和谐云南的建设。

(原载云南大学国际关系研究院编印:《周边要报》2008 年第 4 期)

附录：

从平面式、静止式研究到立体式、动态式研究
——林文勋教授访谈录

　　编者手记：林教授的访谈录真是让我们兴奋，谁说中国学者没有建构能力？林教授提出的"富民社会"说，以及在这个基础上对中国古代社会从"部族社会"、"豪民社会"、"富民社会"再到"市民社会"的解读，给我们耳目一新的感觉。不管人们是否接受林教授的学说，我们已经看到中国学者开始建构有自己特色的理论框架，学术界开始摆脱那种千人一面，万人一说，无个性、无特色的面孔。学术界百花齐放、百家争鸣的春天已经来临。

　　问：林教授，您好！我们知道您出生于一个普通的农民家庭，在1991年您25岁的时候，您就以优异的成绩获得博士学位，成为云南省最年轻的博士学位获得者，这是非常不

容易的，能不能首先给我们讲讲您的求学经历？

答：好的。我出生在云南省曲靖市城东大约十几公里远的一个小山村。那里是一个半山区，地方较为闭塞，与外界的联系并不是太多。我家是一个普通的农民家庭，家里世代务农，没有出过什么读书人。这样的生活环境使我小时候对外面的世界根本不了解，也没有什么大的理想，一辈子能在村里面当个民办老师就是我当时最大的抱负，根本就没有想到后来能考上大学，然后在大学里面成为一名老师。

在我 6 岁的时候，我被送到了村上的学校里开始读书。在简陋的乡村学校里，我读完了我的小学和初中。1979 年我考到我们当地一个公社的社办高中，之后又转学进城到了曲靖五中，考上了云南大学。这才走出小山村，慢慢地接触到外面广阔的天地。

进入云南大学读书之后，我有了较好的学习知识的条件。当时我有个模糊的认识，认为读书重于考试，考试成绩只要过得去就行了，但一定要学会自己读书。所以在这一时期，我阅读了大量的书籍，这些书对我产生了重要的影响。其中的一本书是胡如雷先生的《中国封建社会形态研究》，这本书理论性很强，有宏观的视角，日本学者对它评价很高，称之为中国封建政治经济学。我对这本书反复读过，也对它的优点进行了学习，这对我后来搞经济史研究时从整体上把握传统中国的经济结构、经济形态和社会发展起了很大作用。这一时期我还读了大量政治经济学的书,为我的研究与学习奠定了一定的理论基础,也使我在后来的研究工作中形成了一种重视理论学习的意识。后来我在研究中经常自觉地把许多问题上升到理论层面进一步地分析和挖掘,就与这有相当大的关系。还有傅筑夫先生的书,他的《中国封建社会经济史》、《中国古代经济史概论》、《中国经济史论丛》等,我在这一时期都仔细读过并做过大量笔记。傅筑夫先生的著作是把西欧封建社会经济发展的模式和结构运用到中国经济史的分析和研究上,因此在很多问题的认识上,我并不太同意他的观点。但我认为,真正在整体认识中国经济史的基础上建立起一个完整的理论构架体系,傅筑夫先生是做得很好的。当然,这个理论构架体系受时代所限,是建立在西欧经济史的理论和观点之上的。因此我萌发了一个想法,想通过对傅筑夫先生的著作作注的形式,对他的观点进行评说与分析。于是我结合自己所看的书,针对傅筑夫先生的封建社会的典型形态说、春秋战国资本主义萌芽说以及商周之际领主制的产生等问题,根据自己的认识写了一系列读书笔记。我记得硕士研究生面试的时候,李埏先生问我是否写过什么东西,得知我在读书的过程中写了一些读书笔记,就叫我拿一篇给他看看,我找了一篇读傅筑夫先生书的读书笔记给他,过了几天,他请系上的老师叫我去他家。我到了之后,他从书房把我的笔记拿出来给我,然后对我说了一句话:你要有长期在这个地方读书的准备,你今后要留校。

问:在进入硕士研究生阶段之后,您的经历是怎样的,又是怎样走上史学研究道路的呢?

答:进入硕士研究生阶段之后,主要是通过我的导师李埏先生对我的引导和训练,我开始慢慢地走上了史学研究的道路。

刚进入硕士研究生阶段学习时,我的精力主要是放在明清经济史的研究上面,因为我本科毕业论文选取的就是明清苏松地区重赋问题,所以刚读研究生时想沿着这个方向做下去。过了一段时间李先生找我谈话,他说中国秦汉时期的很多历史问题更为关键,这一时期奠定了中国后来2000多年历史发展的基础。在李先生的鼓励下,我从明清经济史转向了秦汉经济史,阅读了《史记·货殖列传》、《汉书·食货志》、《盐铁论》以及部分先秦时期的史料。在这一过程中还有一件重要事情,就是我花了大约半年的时间阅读了关于亚细亚生产方式的大量研究成果。当然如果从现在来看,亚细亚生产方式到底是一种什么样的生产形态,它能不能成立还是一个问题。但在当时,这一学习对我进一步开拓自己的思维起了重要的作用。在对秦汉经济史有了较深的认识之后,我又再一次转向了唐宋经济史。因为导师李先生毕竟是唐宋史的专家,而且云南大学经济史中最强的也是唐宋经济史。就这样我在读研究生时,在明清这一时段上花了一些时间,在秦汉史上又花了一些时间,表面上看这浪费了大量的时间和精力，实际上恰恰对我的研究起了重要的作用。我后来会考虑中国古代史的体系与主线这样一些宏观性的问题，就与那一时期我在时段上有广泛的涉及，对一些问题有宏观的认识有关。

　　转到了唐宋经济史的研究后，李先生首先指导我去读唐宋史的基本史籍，一开始主要是侧重于宋代的。从《宋史纪事本末》入手，再读《通鉴纪事本末》，之后是《建炎以来朝野杂记》。在阅读了这些纪事本末体史书的基础上，我建立起了对唐宋特别是宋代发生的重大事件的一个轮廓性认识。之后又进一步读《宋史》、《续资治通鉴长编》、《建炎以来系年要录》，并辅之以大量的宋人文集和笔记小说，就这样慢慢地进入了唐宋史研究的领域，也积累了大量的史料。

　　在阅读史料的过程中，李先生对我有严格的要求：一是读任何一本书，看到帝王的年号，都要注出公元纪年，即使是重复出现也每次必注。这样就能够对年号、年代了然于心，知道史料的前后顺序和事件的因果关系；二是凡是遇到古地名，一定要对照《中国历史地图集》，一一查出今地名并注出；三是凡是遇到宋代人物的别号、字号，全部要把人名查注出来。当时这几项的每一项都用一个小楷本记下来，李先生一星期检查一次，从不间断。此外，李先生还交代了一项工作：他认为我的字写得很差，决定对我进行严格的练字训练。这主要是叫我写小楷，而且是将古文功底的训练和练字结合在一起进行。他叫我买了《古文观止》的上、下册以及大量的小楷本,将《古文观止》从头开始一篇一篇地抄,每星期检查一次,而且要一个字一个字地检查,看看这个字写得好不好,抄了理解得如何。当时我住在研究生楼的6楼,李先生那时都70多岁了,还经常跑上楼到我的宿舍去检查我学习的情况,令我非常感动。

在那个时候,李先生的精力还很好,我们每星期至少可以见一次面。见面除了检查我看书和练字的情况外,主要就是谈话,谈看书的过程中有没有发现一些问题以及对某些问题的看法。我体会下来,这样的谈话比课堂上那种师生一对一的教学起到的作用更大。这种谈话以思想的交流和碰撞为核心,它与简单的以传授知识为目的的课堂教学有着明显的区别。对于做学术研究来说,这种思想的交流与思维的启迪,比知识的传授更重要。在和李先生谈话的过程中,很多思想的火花在交流碰撞中出现,对我后来提出一些问题起到了直接的促进作用。可以说李先生对我的指导,就是在一次又一次的谈话过程中对我进行了一次又一次的思想的启迪。

随着我读书的深入,李先生又要求我写读书札记,训练我做学问的基本功。他要求我每星期至少写一篇读书札记,多则写三到四篇,每星期送给他检查一次。最使我感动的一件事就是我在博士论文的后记中提到的:有一次先生要去复旦大学讲学,临行前一天他叫我把写的读书札记送给他看，我就在那天晚上把几篇一并送了去。我原想他第二天一早就要去讲学，起码要等讲学回来才会批阅札记。但没有想到，第二天早上六点多钟他还没去飞机场之前，叫人让我去他家一趟。原来他为了不影响我看书的进度，已经连夜把每一篇札记从标题到标点符号都一丝不苟地批改完了，而且后面还附上了他的修改意见。这件事情让我印象非常深刻，我当时想，要是还不能把书读好的话，就真地对不起李先生了。直到今天，我还留着这些札记和读书笔记，作为一种珍贵的纪念。后来我工作虽然很忙，但每年还是能够不断地发表文章，其中很多文章都是基于这些读书札记而成的。

　　通过李先生对我的引导和训练，我在读硕士生这一段时间里，不管是《宋史》、《续资治通鉴长编》等基本史籍，还是唐宋笔记小说和重要人物的文集，我基本已经读过了。在读书的过程中我也写了一些文章，李先生看后给予了充分的肯定。因此，在我上硕士二年级时，李先生就对我说我可以不需要参加考试，直接攻读博士学位。经过他的推荐，学校组织了一个专家小组，对我进行答辩和考察，同意了我直接攻读博士学位的申请。博士毕业之后，我就留在了云南大学工作。

　　问：您在进入研究领域以来硕果累累，提出的很多观点都在学界引起了广泛关注，这使您成了在中国经济史研究领域有影响力的青年学者。请问您是怎样看待您这些年来从事经济史研究工作的经历的?

答:应该说,我是从1986年考到云南大学的专门史(经济史)专业读研究生后,才慢慢地开始经济史的研究工作的。从1986年到现在,已经整整20年,这20年我大约可把它分为两个阶段:

从1986年到1991年是第一个阶段,这个阶段包括了我的硕士生和博士生学习阶段。这个阶段我概括了一下我个人的特点,主要就是"学而不思":这个阶段我在学习上确实非常刻苦,经常放弃周末甚至国庆、春节的休息时间去看书,去找资料,所以当时李英华教授称我为"星期七",意思就是对我来说从来没有星期天。那段时间看的书非常丰富,在我的印象中,凡是云南大学图书馆里能够找得到的关于经济史的书,不管是中国的还是外国的,都基本上借出来看过了。在看书的过程中也做了大量的笔记,积累了大量的资料,我后来的研究主要就是基于那个时期积累下来的资料而进行的。但那个时期也有个缺陷,就是虽然自己的知识面宽了,但知识的系统性还很不够。那时对如何找到一个基准点使自己的知识系统化思考得不多,对构建自己的知识体系还没有清晰的认识,所以在那个阶段,我对知识的学习多少带有一些盲目性——认为凡是与经济史甚至古代史相关的就广泛阅读,不管是中国的还是世界的,这是我后来深深感觉到的不足。由于缺乏知识的系统性,那一时期自己虽然也写了一些文章——到博士毕业时差不多发表了 20 来篇文章,但是,现在回过头看时是不满意的,认为真正有价值和水平的并不是很多。所以我后来常讲一句话:**"只有系统的知识,才能最大限度地发挥它应有的作用。"**就是针对自己的这种不足而言的。但这个阶段的重要性在于它使我奠定了良好的知识基础,积累了大量的研究资料,使我对经济史、古代史甚至历史理论等相关问题的学术史和学术动态有了较全面的把握,为后来的研究紧跟学术前沿奠定了基础。所以现在每谈到一个相关问题时,我都可以说出这个问题研究到现在有了哪些成果,哪些学者的研究值得注意,主要就是在这一时期打下的基础。

1991 年博士毕业后到现在,可以视为第二个阶段。博士毕业以后我就留校工作了,当时我在学院和系里的安排下,同时担任了中国经济史教研室秘书、专门史(经济史)博士点工作室秘书、李埏先生的学术秘书、研究生秘书和历史学学位分委员会秘书,被老师们戏称为"五大秘书",结果是忙得一塌糊涂,没有时间坐下来静心学习。这一时期,有几件重要的事情对我影响很大:

一件事情是整理李埏先生的学术成果。李埏先生是我国著名经济史学家,是云南大学经济史学科的创建人。我作为李先生的学术秘书,一个任务就是系统地整理李先生的学术成果。在这个过程中,主要的事情就是整理了李先生的《宋金楮币史系年》,和龙登高博士一起编辑李先生的学术文集《不自小斋文存》,协助李先生修改他主编的《中国古代土地国有制史》和整理他的《唐宋经济史》,以及整理李先生在20世纪三四十年代发表的一系列文章等等,还有就是撰写李先生的学术传记。目前,《宋金楮币史》、《不自小斋文存》、《中国古代土地国有制史》等已先后出版,《唐宋经济史》已改写为《唐宋商品经济史》,正等待出版,学术传记也写就初稿。这些工作在当时是许多人不愿意干的,但正是这个工作,使我有机会对云南大学历史学科,至少是经济史学科几十年来形成的学术成果进行了系统的、进一步的学习,使自己的基础知识得到了进一步的充实。而且在整理的过程中,我始终注意总结经济史学科的治学经验,特别是李先生的研究思路和治学经验,从而使自己的思维能力得到了提高和完善。

在这一时期,还有一件事情对我的影响比较大。90年代中期,迫于经济上的压力,我跟社会上的有关部门合作,开展了一些对社会现实问题的研究。由于我来自农村,我一直有一种乡村情结,喜欢搞乡镇、农村问题的研究。当时正值云南省评选出了一批省级"百强乡镇",于是我牵头,约请了几位朋友,利用这个机会编写了一套"云南乡镇系列丛书"。同时,我还搞了许多关于农村水利建设、水利经济的研究,出版了《市场经济下的中国乡镇水利》,以及关于我家乡的《曲靖地区水资源保护与开发利用研究》、《曲靖水利经济研究》、《南盘江治理与开发研究》、《陆良水利史》等研究成果。这次经历的重要性就是使我在具备了一定的经济史知识的背景下，进一步深入到农村去，将研究与实地的考察、观察结合起来。虽然搞这个研究的最初目的是缓解经济压力，但实际上我确实是非常地投入。每到一个地方不仅仔细地调查与了解情况，还系统地看了大量当代社会研究的重要成果。这次社会问题研究从1993年持续到1996年，虽然占用了我大量的时间和精力，对我的专业研究产生了一定的影响。但正是这件事情，使我在研究过程中将历史与现实有效地沟通起来，使自己学会了思考，而且善于观察，善于思考，对提升自己的思维、把握学术前沿起到了相当重要的作用。这使我想起了张荫麟先生在《中国史纲》序言中讲的一句话："'知古而不知今'的人不能写通史。"意思是说研究历史的人如果对现实社会没有充分的理解和把握，是不可能研究和写出一部好的通史的。所以在这个过程中，我思考得出的一个体会就是：**从来就没有脱离现实和社会发展的学术研究，历史学也是如此，现实永远是历史研究的出发点和归宿。**

这个阶段的遗憾在于，由于行政事务和社会工作较多，占用了我绝大部分的时间，用李先生的话说，就是"90%的时间被耗掉了，学术研究的时间不足10%"。所以我把自己这一阶段的特点概括为"思而不学"，虽然自己思考问题的水平得到了提高，但是没有时间坐下来好好地学习。这使我在这一时期虽然做出了一些研究，但总体上来说还是没有达到自己期望的那个境界和水平。

《论语》中说："学而不思则罔，思而不学则殆。""学"和"思"是科学研究相辅相成的两个方面。对我来说，"学而不思"和"思而不学"，可以作为我个人对我20年来治学经历的一个总的概括。

问：您太谦虚了。这两个阶段中，您认为哪一个阶段对您学术研究的影响更大呢？为什么？

答：这两个阶段中，前一阶段主要是打知识基础，后一阶段主要是提高思维认识水平，两者都较为重要，但相比而言，应该说第二阶段思维能力的提升，对我的学术研究产生了决定性的影响。

对于学术研究来说，思维是非常重要的，所以哈佛大学有一句名言："**一个成功者和一个失败者，不在于他的知识和经验，而在于他的思维方式。**"第二个阶段对我的意义正是在于它提升了我的思维能力，使我看问题具有了一定的预见性，而且使我的研究具有了一定的深度。这个时期思维方式的变化体现在我的学术研究上就是：我感觉自己过去的历史研究还只是一种平面式、静止式的研究。所谓平面式、静止式的研究，指的是发现了一个问题，然后找资料来分析，发表一篇或多篇文章来解决这个问题，然后下一步再找另一个问题，又找资料分析，撰写文章来解决它，如此循环往复。

在第二个阶段，思维能力的提升使我的研究在纵向上沟通了历史与现实的联系，在横向上沟通了经济史和政治史、思想文化史等的联系，自己在思考和研究问题时能够前后相顾、左右相维，学术研究开始树立起一个较为宏大的历史视角，从而使我的研究由过去平面式、静止式的转向立体式、动态式的。在思维能力提高的情况下，通过不断地反思和自我调整，自己有效地避免了过去研究问题时见子打子，以及下的结论带有一定偏颇性等不足，对许多问题的研究也具有了一定的预见性。举例说：

第一个就是关于我国东西部经济发展不平衡问题的研究。大家都知道，中央是在1999年时明确提出了西部大开发这个问题，一时之间，历史时期我国东西部发展不平衡问题的研究成了一个学术热点。早在1994年，我在与李埏先生的谈话中就意识到了这一问题的重要性。那次我在和李先生聊天时就谈到，为什么中国人有一些习惯性的说法，比如：为什么说买"东西"而不说买"南北"？为什么问你是"南方人"还是"北方人"，而不问你是"东方人"还是"西方人"？看来这是有其特定的历史渊源的。我开始意识到历史上东西部发展的不平衡问题必将成为一个学术研究关注的热点问题。于是在1994年我就申请了一个课题，名为"历史时期中国东西部发展不平衡问题研究"。后来，学术研究的发展和社会的发展证明了这一点，极大地增强了我对学术研究的信心。

再一个就是关于云南构建国际大市场的研究。20世纪90年代，学术界和社会上大力提倡加强西南地区五省七方的经济协作,构建一个以成都、重庆、昆明为支点的西南区域大市场。但是通过对云南历史发展的考察,我认为古代云南并不存在所谓的"丝绸之路"。与其说存在一条"丝绸之路",不如说存在一条"贝币之路"更加准确。因为古代云南用的贝币,根据青岛海洋科学研究院的分析结果,80%来自于今天的马尔代夫群岛。东南亚、南亚的海贝自从春秋战国大量流入云南以后,就作为主要的货币流通,一直延续到明清时期云南废贝行钱,时间长达2000多年。而且,云南贝币的进位方式与中原内地的进位方式迥异,中原是十进位制,而云南是十二进位制,东南亚也是十二进位制。这种情况充分说明:**云南与东南亚自古以来就是一个经济区,就是一个货币流通区**。那么从历史的角度来看,21世纪云南的市场发展,就必须考虑与东南亚、南亚共同建立一个国际性的区域大市场,这是历史的必然。于是在1999年,我撰写发表了《从历史发展看21世纪云南国际大市场的构建》,其中所提出的观点和理论已经得到历史的说明和检验。

还有就是关于"三农"问题的研究。我们知道,中央是在2004年一号文件中提出"三农"问题的,学术界也是从那个时候起开始明确地提出历史时期"三农"问题的研究。1999年云南大学成立中国经济史研究所,我担任第一任所长,我在关于研究所发展的会议上谈到:从历史上来看,"三农"问题非常重要,很快将会成为学术研究的热点。当时我还建议在学校成立一个"三农"问题研究中心,挂靠在中国经济史研究所,但这一想法未能实现。1999 年我开始招收博士生,我就把他的博士论文题目定为"宋代乡村若干问题的研究"。从那时起,我们便有计划地开始了历史时期"三农"问题的研究,这使得云南大学成为国内较早开展"三农"问题研究的机构之一。近年来"三农"问题研究的日益趋热,又一次给了我很大的信心。目前,在历史时期"三农"问题的研究方面,我除了较系统地研究了中国古代的"富民社会"外,还以茶叶经济为切入点,集中研究了唐宋以来的山区开发及其相关问题。

　　问:通过您的介绍,我们了解到思维能力的提升是学术研究向前发展的重要推动力量。您在学术研究中多有发明创见,我想这与您在思维方式上有着许多值得我们学习的地方不无关系。那么能不能请您给大家介绍一下您主要的学术观点?

　　答:思维能力的提升对我的研究从原来静止式、平面式的转向立体式、动态式的,起了相当大的促进作用。这点我自己体会最深,即随着思维水平的提高和学术研究预见性的增强,自己研究的层面得到了提升。在这个过程中,我结合自己的研究,提出了一些学术概念和体系:

　　一个就是在 1997—1998 年这段时间,提出了**"历史哲学意义上的商品经济史研究"**这个学术观点,受到了学术界的重视。自 20 世纪 80 年代中后期到 90 年代中期,中国

经济史学界讨论的一个重要问题就是地主制与商品经济的
关系问题。地主制与商品经济到底是一个什么样的关系？
当时的看法很多,有的学者说是对立的关系,有的学者说是
补充的关系。但我从历史哲学的高度上看,**商品经济的发
展恰恰是地主制的基础和前提,二者有着紧密的内在联系。
离开商品经济的发展也就没有地主制的发展,商品经济一
直是地主制发展和变迁的一个推动力量。**记得在 1998 年
李文治先生 90 华诞学术研讨会上,我集中地表述了这一观
点,受到一些学者的肯定。结合这个观点,我正在撰写《商
品经济与传统中国社会变革》一书。

　　再一个就是我结合货币史的研究,明确提出了与"**丝
绸之路**"、"**陶瓷之路**"相对应的一个概念——"**钱币之路**"。
我认为在中外文化交流史上,不但存在着"丝绸之路"、"陶
瓷之路",还存在一条"钱币之路"。这里所讲的"钱币之
路",包括铜钱之路、纸币之路、白银之路、金银币之路、贝
币之路等等。我在 1999 年发表了《钱币之路:沟通中外关
系的桥梁和纽带》一文,受到了学术界的重视。有的学者
认为,这一概念的提出拓宽了中外关系史的研究视角。根
据这一研究,我正在撰写专著《钱币之路》,纲目已经确定,
相当一部分内容也已写完,但由于太忙,至今未全部完稿。

　　最重要的就是在研究的过程中,我提出了"**富民社会**"
这一学术概念和体系,认为唐宋至明清的中国社会是一个
"富民社会",并以这一理论为基石来反观中国古代史的主

线和体系。

问:您近年来一直提倡要把"富民社会"作为理解整个中国传统社会演进变化的重要一环,对中国传统社会的阶段性发展作出新的阐释。您认为这一理论在您的学术研究中处于什么地位? 您是怎样在研究中关注和发现这一问题的?

答:古人说"**学贵自成体系**"。那么,如何成体系就成为我们需要考虑的一个关键问题。过去有人说:只要你选择一个领域、一个问题,不断地研究下去,发表了数十篇文章,积累起来你的研究就形成体系了。原来我也对此确信不疑,但后来通过自己的研究实践,我发现**学问要成体系,关键是要有自己的理论基础**。就像马克思撰写《资本论》一样,《资本论》之所以成为传世的不朽名著,它的整个体系和观点都是建立在劳动价值论这一理论基石之上,可以说,劳动价值论就是整个《资本论》的基石,离开这个基石,《资本论》就不可能成为体系。古人讲,不能搞无主无根之学问,就是强调了基石的重要性。

我在随李埏先生做唐宋史研究的过程中,非常重视理论,注意在研究中构架自己的理论体系。从事唐宋史研究以来,我一直关注的一个重要问题就是唐宋变革问题,但之前我主要是从"历史哲学意义上的商品经济史研究"这一角度对唐宋变革进行考察。在阅读唐宋史料的过程中,一次我读到李冗的《独异志》,其中有一目讲到"至富敌至贵"。我敏锐地觉察到：如果说这个时期出现了财富力量和政治力量一起规定社会的发展，那么毫无疑问这是一个划时代的事件，也说明唐宋时期确实是中国历史上一个巨大的转折时代。因此，我开始考虑是不是这个时候社会的力量对比发生了改变，社会结构发生了重大变动。沿着这个思路，我发现了一条线索：从中唐以来，财富力量在不断地崛起，并在社会发展当中起到了巨大的作用。因此，从20世纪90年代中期开始，我就一直关注唐宋财富力量的崛起与社会变革的联系。1999年台湾大学邀请我去参加宋代社会文化史学术研讨会的时候，我准备的会议论文就是《唐宋时期财富力量的崛起与社会变革》。但在当时，我的认识水平和我的研究主要还是局限于考察财富力量本身的崛起上。随着看书和思考的进一步深入，我产生了一个问题：财富力量崛起以后，到底是什么人代表着这个财富力量？我沿着这个思路进一步扩大研究范围，查阅相关史料，结果发现在唐宋史籍中频繁地出现"富人"、"富民"、"富室"等相关词汇。同时，我又请我的一位研究生帮我在河北大学宋史研究中心的检索系统上进行检索，统计这些相关词汇出现的频率。等资料从各方面汇总起来以后，我开始坚信：唐宋时期财富力量崛起之后，出现了一个新的社会阶层，这就是"富民"阶层。这个阶层是财富力量的化身和代表。如果说财富力量与政治力量共同规定着唐宋以来中国社会的发展，也可以进一步说，"富民"阶层的崛起极大地改变了中唐以来整个中国传统社会的发展结构。后来我看了毛泽东的《中国社会各阶级的分析》以及一些学者写的关于中国近代社会的一些文章，又回过头去学习了邢铁老师对宋代户等制度的研究成果和王曾瑜先生的研究成果，就真地发现了邢铁老师所说的那个问题：现代中国对地主、富农、中农、贫农、雇农的阶级成分的划分，和宋代的五等户制度有一种对应的关系。这就使我坚定了一个认识："富民"阶层奠定的中唐以来的社会结构一直延续到解放前。进而我意识到：**"富民"阶层的崛起，是解构中唐以来传统中国社会发展与变迁的一把关键钥匙**，是一个值得研究的重要问题。因此从那时起，我有计划地开展了对"富民"阶层的研究。

但在当时我对是否存在一个"富民社会"还没有清晰的认识，只是发现了这样的一个"富民"阶层，并发现这个阶层是主导唐宋以来中国传统社会发展与变迁的一把关键钥匙。进一步我就问，它既然是关键的一把钥匙，它的关键性作用到底表现在哪些方面？在研究唐宋社会变革和写作《唐宋社会变革论纲》的过程中，我发现："富民"阶层的崛起，使租佃契约关系在唐宋社会中全面确立起了它的主导地位。为什么租佃契约关系在中唐以前就有，但直到这时才全面确立起它的主导地位呢？这正是与"富民"阶层有关，因为富民只有财富而没有特权，因此在剥削关系上他们不能抑良为贱，只能采取经济契约的关系，而租佃契约关系正是这样的一种经济契约关系。于是随着"富民"阶层的崛起,租佃契约关系迅速在全社会推广开来,成为一种主导性的经济制度,并日益影响到社会的各个方面。租佃契约关系的确立是当时唐宋社会经济关系变革的结果,也是当时最有效率的制度选择与制度安排。这使我隐约感觉到,唐宋社会或许可以称为"**富民社会**"。后来我和浙江大学包伟民老师一起编写《宋代制度史研究百年(1900—2000)》,我有意识地选择撰写《宋代土地制度研究评述》,想把百年来宋代土地制度研究的成果系统地看一下,通过对土地制度研究成果的了解,检验自己的认识。在完成这一工作后,我更加坚信了自己的认识。同时在这个过程中,我注意到宋代社会出现了一种崭新的经济思潮即保富论,并发现了保富论与经济转型的关系。后来我把研究的范围扩大到明清,也同样发现了许多相关的史料。这个时候,我更感到唐宋以后整个中国传统社会的变迁肯定与社会阶层的变化有关,也进一步坚定了我把中唐以来的社会识别成"富民社会"的判断。正是在这种情况下,我指出在唐宋以来的中国传统社会中,崛起了一个新的社会阶层即"富民"阶层。**"富民"阶层崛起之后,迅速发展成为一种基础性的中间力量,决定了中国社会的稳定和发展,唐宋至明清的中国社会是一个"富民社会"。**我以"富民社会"作为研究的理论基石,反过来重新解构唐宋社会变革。我认为所谓**唐宋社会变革,既不是中国封建社会从前期向后期的转变,也**

不是中国由中世向近世的转变，而是由汉唐的"豪民社会"向"富民社会"的转变。

同时，我以"富民社会"为理论基石，对中国古代史的主线与体系进行了重新解释，并在 2006 年的《中国经济史研究》第 2 期上发表了《中国古代富民社会的形成及其历史地位》，在《史学理论研究》第 2 期上发表了《中国古代史的主线与体系》，指出**中国古代社会经历了上古三代的"部族社会"，到汉唐的"豪民社会"，再到唐宋以来的"富民社会"，并最终向着"市民社会"发展的这样一个完整的历史阶段**，从而使自己对中国古代史有了一个整体性、体系性的把握。这也使我的研究从单纯的经济史研究逐渐转向了乡村社会史和中国古代史的研究。

问：今后您对"富民社会"这一理论体系有着什么样的研究计划呢？

答：到目前为止，我所做的工作还只是初步地提出了"富民社会"这样一个学术问题。为了推进这一问题的研究，我接下来计划通过和老师同学们的讨论，进一步加强对"富民社会"的具体研究，出版一本《中国古代富民阶层研究》；并在年底之前举办一次小型的中国古代"富民社会"学术研讨会，邀请国内有研究的专家到会讨论，然后将会议论文汇总，出版一本研讨"富民社会"的学术文集。

就我本人的研究计划来说，我打算通过从微观到宏观，再从宏观到微观，之后又上升到宏观这样两个回合的研究，初步建立起"富民社会"的理论体系。我现在已经做的第一步工作,就是和谷更有合著出版了《唐宋乡村社会力量与基层控制》一书,书中提到的乡村社会力量就是富民。这主要是一个微观认识,是在对基本史料分析的基础上,提出富民的重要性。第二步就是结合自己对唐宋社会变革的研究,上升到宏观,在"富民社会"的理论视野下重新解构唐宋社会变革,对唐宋社会的变革作出一种新的阐述,现已完成了《唐宋社会变革论纲》,正等待出版。为什么要在"富民社会"的理论视野下来写作《唐宋社会变革论纲》这本书呢? 这主要就是因为我看到,"富民"阶层崛起以后,在中唐以来社会中奠定的社会结构一直延续到了近代。解构了唐宋社会变革,既解决了原来的一个重要学术难题,又对我今后在研究中认识明清乃至近代史起到很大作用。在这个工作完成后,我现在再次回到微观,正在做一个课题——《10到19世纪富民与中国乡村社会变迁》,这个课题的主要目的就是要搞清楚"富民"阶层崛起之后,作为乡村中的主要力量,到底对中国的乡村社会结构产生了什么影响,使乡村社会关系和社会控制方式发生了什么变化。我要进行的第四步工作是再次上升到宏观,进行一个课题——《中国古代"富民社会"研究》。这将是一个综合性、宏观性的研究,要研究整个"富民社会"的结构、运行机制以及"富民社会"如何向"市民社会"转变等问题。在研究过程中,我将对中国社会发展的一些特质和根本性的特点、有无资本主义萌芽以及中国近代化的动力等重要问题进行新的阐释。

　　当然，这个研究计划完成之后，并不代表我对"富民社会"研究的结束，而恰恰只是一个开始。再接下来我要做的，就是以"富民社会"为理论基石，以我提出的这样一种从上古三代"部族社会"到汉唐"豪民社会"，再到中唐以来的"富民社会"并最终向着"市民社会"演变的中国古代史发展的新主线和体系，写一本《中国古代经济史教程》。在这本书完成之后，又要以这个为核心，再写一部多卷本的《中国古代史》，分为"部族社会"一卷，"豪民社会"一卷，"富民社会"一卷，从"富民社会"到"市民社会"的转型一卷，从而最终把"富民社会"构建成一个较为完善的体系。

　　当然，这个体系能不能成立？还存在哪些问题？都有待于大家的共同研究和批判。但现在令我受到鼓舞的是，越来越多的学者开始重视这个问题。我的《唐宋乡村社会力量与基层控制》出版后，梁太济先生给我来信，说他认为这是一项"极富学术意义的创造性研究"；赵世超先生在给我的来信中也认为这是一项"会产生深远影响的有意义的"研究；华东师大的章义和教授告诉我，他在日本时，也曾听提出过"豪族共同体"观点的谷川道雄先生说起过我的"富民社会"观点。我和谷川道雄先生素不认识，他竟然注意到我的这一观点，这无疑给了我很大的鼓舞。另外，还有像西南大学搞社会救济史研究的学者张文，他也认为这个问题非常重要,在他的论著中讲到富民;还有刁培俊等人对富民问题也都在研究。我觉得这个问题研究下去,对解构中国传统社会会起到重要作用的。

问:这确实是一项极富学术意义的创新性研究,相信它会产生深远的学术影响。在这些年的学术研究中,您感受最深的是什么? 能不能给刚刚进入历史研究的后来者提一点建议?

答:我本人也是一个刚刚跨入历史科学殿堂的学习者和研究者。在学术研究的过程中,我感受比较深的有几点:

一个是**学术研究一定要有思想性**。思想性要怎么体现出来呢? 我认为**主要通过对研究成果的时代特点的揭示来体现,通过对历史深层规律和趋势的认识和把握来体现。每一部传世的不朽经典都闪耀着时代的光芒,历史研究也必须把握住时代的特点。**否则,你的学问就只能停留在历史的表层,也就谈不上有什么思想性。

再一个就是对于学术研究来说,什么是一项最有价值最有水平的研究成果呢? 原来我想的是只要提出了一个新的认识,解决了一个问题,就是有价值的成果。但是通过对"富民社会"的研究,我感觉到:**最有水平的研究不仅是解决一个问题,而是在解决已有问题的过程中又提出新的问题,能够将学术研究进一步推向深入,这才是最有水平的研究成果。**当然,我自己由于水平、能力各方面的限制,不可能做到这一点,但这个应该是我们努力的目标和方向,也是中国古代史研究在当今不断升华和拓展的必然要求。

另外，我还想强调理论的重要性。我很重视理论，重视对经验的总结和对思维的提升。我认为：**一个学科理论研究水平的高度决定着该学科发展所能达到的高度，同理，个人理论水平的程度基本决定了个人研究所能够达到的高度。**所以，我在担任云南大学历史系主任和历史文化学院院长时，经常在会议上强调老师和同学们都要重视理论的学习，重视历史哲学的学习。这些年我一直坚持为本科生、硕士生和博士生讲授《历史研究法》课程，其中一个重要目的就是通过教学相长，促进自身理论水平的提高。在这方面，目前我已经与李杰教授合作撰写了一本《历史哲学视野中的中国古代社会》，今年要出版。在这本书中，我主要是以中国古代的"富民社会"为理论基石，对中国古代史进行新的思考。我也希望历史学习和研究者不要忽略理论的学习。

问：我们知道您在从事科研的同时，也一直从事着历史教学工作，2001年您还获得过全国模范教师奖章和教育部霍英东全国优秀青年教师奖。作为一个一直没有脱离教学一线的教师，您是怎样看待当前的历史教学和历史教学改革的？

答：这些年在从事研究的同时，我一直从事着历史教学工作，也一直在思考历史学的教学改革。在这一过程中，我发现当前的历史研究和历史教学确实存在着不少问题。这使我想起了钱穆先生1937年时说过的一句话："今日中国处极大之变动时代，需要新的历史知识为尤亟。……而今日之中国,却为最缺乏历史知识,同时最需要整理以往历史之时期。"

当今的中国,正处在一个社会大转型的时期,这给历史学教学带来了新的冲击,也提出了新的要求。如何推动历史教学研究的改革,进一步推进学科建设和人才培养,已经成为我们必须思考的一个问题。这个时候,我们首先要搞清楚的几个问题就是:我们需要教给学生什么样的知识? 当今社会需要什么样的知识? 学生需要什么样的知识? 我个人觉得,当今的社会正处在一个知识大爆炸、信息大爆炸的时代,知识和信息的产生、传播太快,一个人就是再有能力和精力,也不可能穷尽所有的知识。所以在这种情况下,**我们一定要把对学生的培养从单纯的注重传授知识,转变到注重对学生思维和能力的培养上来。对历史学科来说,所谓的进行素质教育,就是要教给学生一种历史思维,一种历史智慧,历史学科培养的核心就应该是思维教育和智慧教育。只有使学生具备了基本的历史思维和历史智慧,他们才能够根据自己的需要和自身发展,选择性地学习知识,构建适合自身特点的知识体系。**这样,历史教学的改革和我们的人才培养才能够真正落在实处,符合社会的需要。当前,在这一方面**最重要的就是培养创新型的人才。**中央曾经指出:创新是一个民族进步的灵魂,是一个国家兴旺发达的不竭动力。那么在历史学科的发展中,也就应该大力提倡创新,培养创新型的人才。有的人可能认为,现在在学校里提倡的创新只有以后从事科研和教学工作时才会有用,而从事其他工作未必用得上。其实,**创新的过程就是一个思维和能力的培养过程**。只有具有创新思维和能力,才能在工作中取得创新性的业绩。我最近的讲座之所以选择"研究思维的培养"这一主题,并正在撰写《历史研究中的科学思维》一文,主要就是基于这一考虑。

在历史教学手段和教学方法的改革上,总的来说就是要适应这一趋势,**改变传统的灌输式的教学方式,大力开展导读式、研讨式教学,使学生参与整个教学的全过程,形成教师与学生的互动和互相启发,在这一过程中教育和培养人才,从而达到培养历史思维和历史智慧的目的。**2005 年在上《中国古代史研究》课程的时候,我曾经带着学生讨论了一次,最后将讨论的情况记录下来,在《历史教学问题》上发表了《中国古代的"富民"阶层》一文,正是这种教学改革的一个实践。同时,在教学手段和教学方法的改革上,还应该充分重视教研室的作用,加强教研室在科研和教学中的作用,为老师们提供一个良好的交流平台,通过老师们对教学和科研的交流和探讨,实现教学手段和教学方法的革新,适应社会发展和历史学教学研究的需要。

谢谢您接受本刊的采访!

（原载《历史教学》2006 年第 10 期）

图书在版编目 (CIP) 数据

历史与现实：中国传统社会变迁启示录 / 林文勋著.
–北京：人民出版社，2010
ISBN 978–7–01–009391–8

Ⅰ.①历… Ⅱ.①林… Ⅲ.①社会变迁–中国–文集
Ⅳ.①D668–53

中国版本图书馆 CIP 数据核字 (2010) 第 213035 号

历史与现实： 中国传统社会变迁启示录

LISHI YU XIANSHI：ZHONGGUO CHUANTONG SHEHUI BIANQIAN QISHI LU

作　　者：林文勋
责任编辑：张秀平　胡喜云
封面设计：徐　晖

人民出版社 出版发行
地　　址：北京朝阳门内大街 166 号
邮政编码：100706　www.peoplepress.net
经　　销：新华书店总店北京发行所经销
印刷装订：北京昌平百善印刷厂
出版日期：2010 年 11 月第 1 版　2010 年 11 月第 1 次印刷
开　　本：880 毫米×1230 毫米　1/32
印　　张：8.875
字　　数：200 千字
书　　号：ISBN 978–7–01–009391–8
定　　价：28.00 元